本书由
中央高校建设世界一流大学（学科）
和特色发展引导专项资金
资助

中南财经政法大学“双一流”建设文库

区 | 域 | 发 | 展 | 系 | 列 |

中国服务业发展指数理论、方法与应用研究

张虎 肖磊 著

中国财经出版传媒集团
中国财政经济出版社

图书在版编目（CIP）数据

中国服务业发展指数理论、方法与应用研究／张虎，肖磊著．--北京：中国财政经济出版社，2019.12

（中南财经政法大学“双一流”建设文库．区域发展系列）

ISBN 978-7-5095-9383-7

Ⅰ.①中… Ⅱ.①张… ②肖… Ⅲ.①服务业－经济发展－研究－中国 Ⅳ.①F726.9

中国版本图书馆 CIP 数据核字（2019）第 246440 号

责任编辑：武志庆　　　　责任校对：胡永立

封面设计：陈宇琰

中国服务业发展指数理论、方法与应用研究

ZHONGGUO FUWUYE FAZHAN ZHISHU LILUN、FANGFA YU YINGYONG YANJIU

中国财政经济出版社 出版

URL：http：//www. cfeph. cn

E-mail：cfeph @ cfemg. cn

社址：北京市海淀区阜成路甲 28 号　邮政编码：100142

营销中心电话：010-88191537

北京财经印刷厂印装　各地新华书店经销

787×1092 毫米　16 开　10 印张　160 000 字

2019 年 12 月第 1 版　2019 年 12 月北京第 1 次印刷

定价：45.00 元

ISBN 978-7-5095-9383-7

（图书出现印装问题，本社负责调换）

本社质量投诉电话：010-88190744

打击盗版举报热线：010-88191661　QQ：2242791300

总 序

“中南财经政法大学‘双一流’建设文库”是中南财经政法大学组织出版的系列学术丛书，是学校“双一流”建设的特色项目和重要学术成果的展现。

中南财经政法大学源起于1948年以邓小平为第一书记的中共中央中原局在挺进中原、解放全中国的革命烽烟中创建的中原大学。1953年，以中原大学财经学院、政法学院为基础，荟萃中南地区多所高等院校的财经、政法系科与学术精英，成立中南财经学院和中南政法学院。之后学校历经湖北大学、湖北财经专科学校、湖北财经学院、复建中南政法学院、中南财经大学的发展时期。2000年5月26日，同根同源的中南财经大学与中南政法学院合并组建“中南财经政法大学”，成为一所财经、政法“强强联合”的人文社科类高校。2005年，学校入选国家“211工程”重点建设高校；2011年，学校入选国家“985工程优势学科创新平台”项目重点建设高校；2017年，学校入选世界一流大学和一流学科（简称“双一流”）建设高校。70年来，中南财经政法大学与新中国同呼吸、共命运，奋勇投身于中华民族从自强独立走向民主富强的复兴征程，参与缔造了新中国高等财经、政法教育从创立到繁荣的学科历史。

“板凳要坐十年冷，文章不写一句空”，作为一所传承红色基因的人文社科大学，中南财经政法大学将范文澜和潘梓年等前贤们坚守的马克思主义革命学风和严谨务实的学术品格内化为学术文化基因。学校继承优良学术传统，深入推进师德师风建设，改革完善人才引育机制，营造风清气正的学术氛围，为人才辈出提供良好的学术环境。入选“双一流”建设高校，是党和国家对学校70年办学历史、办学成就和办学特色的充分认可。“中南大”人不忘初心，牢记使命，以立德树人为根本，以“中国特色、世界一流”为核心，坚持内涵发展，“双一流”建设取得显著进步：学科体系不断健全，人才体系初步成型，师资队伍不断壮大，研究水平和创新能力不断提高，现代大学治理体系不断完善，国际交流合作优化升级，综合实力和核心竞争力显著提升，为在2048年建校百年时，实现主干学科跻身世界一流学科行列的发展愿景打下了坚实根基。

“当代中国正经历着我国历史上最为广泛而深刻的社会变革，也正在进行着人类历史上最为宏大而独特的实践创新”，“这是一个需要理论而且一定能够产生理论的时代，这是一个需要思想而且一定能够产生思想的时代”①。坚持和发展中国特色社会主义，统筹推进“五位一体”总体布局和协调推进“四个全面”战略布局，实现“两个一百年”奋斗目标、实现中华民族伟大复兴的中国梦，需要构建中国特色哲学社会科学体系。市场经济就是法治经济，法学和经济学是哲学社会科学的重要支撑学科，是新时代构建中国特色哲学社会科学体系的着力点、着重点。法学与经济学交叉融合成为哲学社会科学创新发展的重要动力，也为塑造中国学术自主性提供了重大机遇。学校坚持财经政法融通的办学定位和学科学术发展战略，“双一流”建设以来，以“法与经济学科群”为引领，以构建中国特色法学和经济学学科、学术、话语体系为己任，立足新时代中国特色社会主义伟大实践，发掘中国传统经济思想、法律文化智慧，提炼中国经济发展与法治实践经验，推动马克思主义法学和经济学中国化、现代化、国际化，产出了一批高质量的研究成果，“中南财经政法大学‘双一流’建设文库”即为其中部分学术成果的展现。

文库首批遴选、出版二百余册专著，以区域发展、长江经济带、“一带一路”、创新治理、中国经济发展、贸易冲突、全球治理、数字经济、文化传承、生态文明等十个主题系列呈现，通过问题导向、概念共享，探寻中华文明生生不息的内在复杂性与合理性，阐释新时代中国经济、法治成就与自信，展望人类命运共同体构建过程中所呈现的新生态体系，为解决全球经济、法治问题提供创新性思路和方案，进一步促进财经政法融合发展、范式更新。本文库的著者有德高望重的学科开拓者、奠基人，有风华正茂的学术带头人和领军人物，亦有崭露头角的青年一代，老中青学者秉持家国情怀，述学立论、建言献策，彰显“中南大”经世济民的学术底蕴和薪火相传的人才体系。放眼未来、走向世界，我们以习近平新时代中国特色社会主义思想为指导，砥砺前行，凝心聚

① 习近平：《在哲学社会科学工作座谈会上的讲话》，2016年5月17日。

力推进“双一流”加快建设、特色建设、高质量建设，开创“中南学派”，以中国理论、中国实践引领法学和经济学研究的国际前沿，为世界经济发展、法治建设做出卓越贡献。为此，我们将积极回应社会发展出现的新问题、新趋势，不断推出新的主题系列，以增强文库的开放性和丰富性。

“中南财经政法大学‘双一流’建设文库”的出版工作是一个系统工程，它的推进得到相关学院和出版单位的鼎力支持，学者们精益求精、数易其稿，付出极大辛劳。在此，我们向所有作者以及参与编纂工作的同志们致以诚挚的谢意！

因时间所囿，不妥之处还恳请广大读者和同行包涵、指正！

中南财经政法大学校长

前　言

党的十九大报告指出，“要贯彻新发展理念，建设现代化经济体系”。当前世界主要发达国家确立了以服务业为主导的现代产业结构，服务业发展水平已经成为衡量一个国家经济现代化程度的重要标志。近年来，中国服务业保持较快发展，规模不断扩大，在稳增长、调结构、促转型过程中发挥了重要作用。但是，中国服务业发展区域不协调问题比较突出，不利于中国服务业整体水平提升和高质量发展。因此，本书通过构建服务业发展指数，采用空间计量模型对中国服务业发展水平和空间分布特征进行研究，具有较大的理论和现实意义。

概括来讲，本书首先是导论，主要阐述本书的研究背景与意义、国内外研究综述、研究框架与内容、研究方法；第一章为相关理论基础，主要论述了与本书相关的理论，包括指数编制理论、区域经济理论、服务业发展理论、综合评价理论和空间计量模型；第二章为中国服务业发展指数的设计框架，包括服务业发展指标体系与指数测算方法；第三章为中国服务业发展指数测算分析，主要从省域、城市两个层面测算了服务业发展指数；第四章为中国服务业发展指数空间差异和相关性分析；第五章为中国服务业发展指数空间收敛性分析；第六章为中国服务业发展指数空间溢出效应分析。本书最后是结论与展望。

本书由中南财经政法大学张虎教授、肖磊副教授共同执笔完成，肖磊副教授对全书书稿进行了全面修改，张虎教授对书稿做了最终审定。本书阶段性研究成果已在权威杂志上发表，获得省部级领导批示以及100多家/次新闻媒体转载报道。当然，由于水平有限，文中难免存在缺点和错误，欢迎同行专家予以批评指正。

作者

2019年9月2日

目录

导　　论

一、研究背景与意义

（一）研究背景

自改革开放以来，特别是党的十八大以来，在以习近平同志为核心的党中央治国理政新理念新思想新战略的指引下，我国服务业稳步发展，规模不断扩大，在稳增长、调结构、促转型过程中发挥了重要作用。2018 年，中国服务业增加值占 GDP 比重为 52.2%，服务业对经济增长的贡献率接近 60%，服务业已成为推动中国经济增长的新引擎。党的十八大报告指出，“要加快传统产业转型升级，推动服务业特别是现代服务业发展壮大”；党的十九大报告指出，“要贯彻新发展理念，建设现代化经济体系”，为服务业现代化发展指明了前进的方向与道路。服务业的发展，对于我国推动经济产业结构调整、进一步深化改革、扩大国际间交流与合作，都有着深远的影响。

当前世界主要发达国家确立了以服务业为主导的产业发展模式，服务业发展水平已经成为衡量一个国家经济现代化程度的重要标志之一。随着全球经济的快速发展，各国的产业结构也随之发生了较大变化。20 世纪 70 年代之后，主要发达国家的第一产业和第二产业在国民经济比重逐步下降，服务业占国民经济的比重日益增加，产业结构由“工业经济”向“服务经济”转移。正是因为服务业对国民经济具有举足轻重的影响，如何提高服务业发展水平进而提高本国综合竞争力已经成为各国政府经济政策的重要目标之一。

虽然我国服务业快速发展，但是同发达国家相比，依然存在不小差距。我国服务业增加值占国民经济的比重与发达国家相比，仍然偏低，发达国家服务业增加值占国民经济的比重达到 70% 以上。另外，中国服务业发展区域不协调问题比较突出，主要表现为东部地区服务业发展水平明显高于中西部地区，且各省域、城市之间的差异较大，不利于中国服务业整体水平提升和高质量发展。

因此，迫切地需要对中国服务业发展水平与空间分布特征进行分析与研究。

（二）研究意义

本书对中国服务业发展指数理论、方法与应用进行研究，具有较大的理论价值与现实意义。

1. 理论意义

（1）设计中国服务业发展指数的总体框架，并从省域、城市两个层面进行实证分析，是对经济指数编制理论与服务业评价理论的有益补充。本书在阐述服务业发展指数相关理论基础上，对国内外研究现状进行了梳理总结，从发展基础、经济贡献、增长潜力三个维度，构建了服务业发展指标体系，采用层次分析法和熵权法确定指标权重，并对我国31个省级行政区、15个副省级城市、百强城市、70个大中城市、湖北省17个市州服务业发展指数进行实证分析，丰富了指数编制与综合评价理论。

（2）建立空间计量模型对中国省域服务业发展指数的收敛性与溢出性进行实证检验，拓宽了空间计量模型的应用领域，是对空间计量理论的有益补充。本书在测算中国省域服务业发展指数基础上，采用莫兰指数对服务业发展指数进行相关性检验，采用空间误差模型和空间对服务业发展指数进行收敛性分析，采用空间杜宾模型对服务业发展指数进行溢出效应分析。

2. 现实意义

本书的研究有助于了解中国服务业的发展情况、区域差异程度以及空间分布特征。本书编制的省域以及城市的服务业发展指数，动态观测了各省及主要城市的服务业发展水平，对其进行的比较分析有利于各地区明确服务业发展定位，找出发展优势与不足。本书对服务业发展指数空间收敛性与溢出效应的分析，进一步分析了服务业发展指数的空间分布特征，提出的对策建议为各级领导和相关部门决策提供参考，对促进各地区服务业均衡发展具有重要的现实意义。

二、国内外研究综述

（一）服务业发展指标体系的研究

随着中国国民经济中服务业份额不断提高，服务业逐步成为国民经济发展的“稳定器”和“助推器”，加快服务业指数研究和编制工作的需求日益迫切，构建一套评价服务业发展水平的指标体系也显得尤为重要。目前，国外主要国家和一些国际组织在服务业生产者价格指数编制方面进行了较为系统、完备的研究。20 世纪 80 年代中期，世界经济论坛从国家、地区全局考虑，提出了著名的竞争方程，即"竞争力 = 竞争力资产 × 竞争力过程"，该方程对各产业的综合竞争力进行评价，综合了近 300 个指标，开创了国际先例。1994 年，国内学者李江帆通过研究国民经济发展数据，首次提出了服务业发展水平评价指标体系，实证检验了社会总需求对于服务业发展所起到的推动作用，而总需求的变动则主要受三个因素所影响，包括人均 GDP 水平、服务输出状况和人口密度。服务业总体发展水平也可用三个主要指标表示，首先是第三产业的总产值和产业人数占总人口的比重，其次是服务产品占社会总产品的比重；最后则是服务密度。但该指标体系忽视了生产性服务业水平，因此在反映地区服务业务整体水平方面尚有不足。

除了需要科学的评价指标体系，还需要合理配套的评价方法。随着服务业相关研究水平的不断提高，评价方法的日益完善，大量的评价模型开始应用。许多专家学者在此基础上，提出了自己所研究及总结的评价指标体系，并据此对中国服务业发展水平进行综合评价。任英华、邱碧槐等（2009）依据科学性、实践性、适应性原则，从现代服务业的总体水平、行业结构、发展潜力三个方面构建了服务业综合评价指标体系和相应的评价模型，研究了 2006 年湖南省现代服务业发展水平数据，基于模糊综合评价法，实证检验了综合指标体系和评价模型的正确有效性。单晓娅（2005）研究了中国各地区现代服务业外部环境、投入规模等指标，实证检验了外部环境因素对贵阳市现代服务业发展起到的影响，并依据问题给出了客观建议。李宝仁、李鲁辉等（2008）利用多指标评价方法，构建了以实力为导向的现代服务业综合评价体系，结合 2005 年中国各省市服务业发展水平数据，准确比较和反映了中国现代服务业的综合实力。赵惠芳等（2009）利用主成分分析方法，通过构建以外部环境、发展规模、增长速度、内部结构、发展潜力等五个指标形成的评价体系，对中国各省份服务业发展水平进行评价。李廉水（2008）通过主成分分析法，构建了服务业发展水平综合评价指标体系，对长三角 16 个城市的服务业发展水平及竞争力进行了测算与比较，探究了各城市服务业存在的优劣势及形成原因，认为要加大力度发展现代服务业，加强地区间的协作交流，提升地区服务业整体竞争力和水平。林月（2009）基于描述统计方法，分析了北京市服务业总体发展水平与内部因素，总结了北京服务业发展存在的特点，探究了北京市服务业发展进程中存在深层次问题，并提出了相应的解决对策。赵惠芳、王冲等（2007）基于中部省份现代服务业发展数据，选取多个指标，从外部环境、增速规模、发展速度、内部结构以及发展潜力五个方面，利用主成分分析法构建了服务业竞争力综合评价模型。2009 年 6 月，国家统计局服务业调查中心课题组于发表了《服务业发展水平的综合评价》，从模型构建以及中国服务业发展综合评价两个方面，对服务业发展评价方法给出了详细说明。邓泽霖等（2012），张少杰和林红（2016），洪国彬和游小玲（2017），王钰等（2017）从宏观经济环境、服务业发展规模、产业结构、增长速度四个方面出发，采用因子分析方法构建了服务业发展评价指标体系，并对服务业发展水平进行了综合评价；吴传清等（2013）从服务业发展规模、影响力、发展质量三个方面出发，对全国各省份服务业发展水平进行了评价研究。在经济新常态的背景下，随着中国服务业快速发展，服务业对经济发展的贡献越来越大，创新驱动也成为服务业发展的重要推动力量，刘丹鹭和魏守华（2013）基于对微观企业的实证研究，发现创新对服务业生产率提升具有正向促进作用。

中国人民大学研究了服务业发展方面的综合竞争力，通过建立包括 23 个指标在内的测度区域服务业水平的综合评价体系，从服务业发展规模、服务业产业结构、服务业成长潜力、服务业创新性和服务业管理模式 5 个主要方面衡量整体竞争力水平，并对中国各省市及地区的整体服务业竞争力进行了测度与比较分析。在竞争力表现方面，主要通过 5 个指标反映，包括经济增加值、相关固定资产投资、通信业务投入、社会总体消费额和房地产开发投入，所选取指标较为充分，但由于没有考虑人口数目，因此在进行不同地区间的比较时缺乏实际意义。

（二）服务业发展的区域差异研究

服务业发展的区域差异性一直广受国外学者关注。Daniels（1982）研究了 1960—1970 年美国服务业就业人数发展水平，研究结果表明大城市服务业就业人数的增速明显快于中小城市。Coffey 和 McRae（1989）研究了加拿大 1971—1981 年服务业水平的面板数据，结论认为不同地区服务业发展存在较大差异，教育、卫生、医疗等服务业等更偏向于分散，而相较而言生产性服务业则更为集中。Grubel 和 Walker（1989）研究了 19 世纪 80 年代加拿大服务业发展状况，经论认为不仅加拿大服务业发展存在的区域失衡，部分专业化较强的服务业更可能分布在大城市。Daniels（1993）对美国、加拿大等国家的城市服务业发展水平进行了综合比较分析，结果发现不同国家的服务业差异更为明显。

在国内的研究中，专家学者们更多地按照中、东、西三个区域划分，来研究中国服务业发展的差异性。顾乃华（2004）研究了1980—2000年中国各省以及中、东、西三大地区服务业发展水平数据，实证检验了发现中国服务业发展进程中存在的失衡现象较为明显，相对于沿海，内陆服务业发展较为缓慢。王小鲁、樊纲（2004）分析了中国20世纪80年代和90年代地区经济存在差异性的现象及成因，结论表明中国中西部地区服务业和经济水平存在较大差距，且差距仍然在不断增加。程大中、黄雯（2005）基于LQ指数法，研究了中国服务业区位发展数据，实证检验了整体服务业的区域差异要小于各省服务业内部的区域差异。即总体上看，整体服务业地区间差异要小于地区内差异。郭栩东（2009）研究了珠三角城市服务业发展水平数据，结果表明珠三角服务业发展增速较快，但综合竞争力存在下降趋势。冉建宇、张建升（2011）研究了中国省市间服务业水平面板数据，并建立服务业发展水平综合评价体系，实证检验了中国各省市服务业发展水平差异较大，且工资水平城市化水平等都是影响服务业水平的重要因素。管驰明（2011）以省为单位研究了对中国城市服务业集聚的情况，实证检验了中国服务业发展进程中存在的集聚现象，但集聚程度相对不高；不同功能的服务业集聚程度也不同，其中生产性服务业集聚程度比生活性服务业高；东西部集聚程度也存在差异，其中东部地区服务业的集聚程度比中西部地区高。靖学青（2012）经实证检验了中国省际间服务业水平的差异性较大，东部地区发展水平比中西部地区高。李杨（2017）研究了中国各省市的面板数据，探究了对中国服务业就业效应存在的区域差异。实证检验了现阶段中国服务业对就业的明显促进效果。孙小娇（2018）研究了中国现代服务业发展水平数据，基于因子分析评价方法，实证检验了中国现代服务业发展中的区域差异和各省之间、东西部之间差异程度，探究影响中国服务业均衡发展的内在因素，并据此提出了相关对策及建议。

此外，也有部分学者以特定地区为切入点展开研究。孙泼泼（2011）研究了广东21个城市的服务业面板数据，利用变异系数、Theil系数法，测度了广东服务业区域发展水平的变化及差异，实证检验了广东服务业区域发展差异的范围及相关差异的影响因素。张涑贤（2013）研究了陕西省人均服务业产值数据，基于区域差异理论，实证检验了陕西省现代服务业区域差异的成因，并就此提出相关平衡发展的政策建议。吴析（2017）研究了浙江省的嘉兴、绍兴、金华、台州四个地级市的面板数据，分别从服务业增加值、服务业就业情况几方面进行区位比较，为下一步浙江服务业转型与升级提供参考思路。孙琳惠（2018）研究了山东半岛城市群 17 个地区的服务业增加值，研究发现：山东省第三产业中的地位有待提高，与全国发达省份相比存在一定差距，且服务业的发展存在空间失衡，济南等东部沿海地区服务业优势强，中西部地区较为落后。

（三）服务业空间计量研究

服务业发展指数空间计量的研究主要集中在空间收敛性和空间溢出效应研究。一般来说，区域经济增长离不开地区产业的推动，对于区域产业开展的研究也有许多。关于服务业收敛问题的研究，国外学者主要从金融工具机制入手研究金融收敛性，Dollar（1998）等人研究了总量水平的收敛与微观水平收敛的内在关系。Gouyette 等（1997）通过估算 13 个经济合作与发展组织（OECD）国家 1970—1987 年服务业生产率发现，尽管服务业增长率不高，但是服务业生产率水平趋同。Dall’erba 等（2009）测算了 OECD 国家服务业发展的收敛性，研究发现服务业初始水平较低的地区具有更高的增长率。国内对服务业收敛的实证研究并不多见，也缺乏对服务业收敛影响因素的深入分析。王许亮等（2018）对 1995—2009 年全球 40 个主要经济体服务业细分行业能源生产率的变化趋势与收敛性进行了分析，研究发现服务业能源生产率的增长率存在较大的地区和行业异质性。刘兴凯和张诚（2017）采用 1978—2007 年 28 个省份的面板数据，对中国服务业全要素生产率增长及收敛性进行了测算分析，研究发现服务业全要素生产率增长存在东中西部的区域性差异，并呈现出长期收敛的变化趋势。肖挺（2017）通过研究中国 2004—2014 年全要素生产率（TFP）的变动情况，将污染气体排放纳入分析体系，测算了中国环境全要素生产率的变动，研究指出中国行业间的两类全要素生产率只有条件收敛，若将污染排放纳入考虑范围，实际全要素生产率将会被低估。滕泽伟等（2017）采用 SBM 方向性距离函数和 GML 指数对 2004—2013 年中国服务业分行业碳排放率进行测算，并用收敛和收敛模型进行收敛性分析。袁丹等（2015）从产业、时期和地区三个角度对 2004—2011 年中国生产性服务业全要素生产率的收敛性进行了分析，研究发现中国生产性服务业及其细分行业、东部与西部地区生产性服务业的全要素生产率会随着时间推移，趋同于各自的稳态水平。张涑贤等（2013）运用陕西省现代服务业产出标准差指标，衡量服务业区域差异水平，并进行了收敛性分析。综上所述，国内外学者常常采用某个单一指标来研究服务业收敛性，用综合指数的方法较少，这会影响对服务业总体发展的测度和评价。另外，不少文献将研究区域视为相对独立的个体，即区域间不存在任何联系，区域间的资源不发生转移和交换。然而，现实中在产业政策、要素流动等多重因素影响下，空间距离不同的区域服务业发展情况也会出现差异，但是随着空间效应的作用，这种差异会逐渐缩小，区域服务业发展存在较大的空间相关性和集聚性（Kolko，2010；Jacobs 等，2012）。因此，进行区域服务业发展收敛性的研究，还应充分考虑区域之间存在的空间效应问题（Sergio J. Rey 等，2006）。

还有的学者从宏观出发，从整个现代服务业入手，李雪冬（2009）研究了江苏省 1997—1999 年的数据，实证分析了地区服务业存在的区域收敛性、δ 发散和明显的绝对 β－发散，将会引起地区服务业相互影响。赵伟（2006）、陈恩（2010）等实证分析了广东区域发展的收敛性。罗顺风（2011）基于 30 年间中国各省服务业发展数据，利用数理统计方法，对中国服务业增加值进行了绝对差异与相对差异分析。汪敏（2013）研究了长三角地区服务业发展数据，利用计量经济学方法，实证检验了服务业发展存在的收敛效应及双边溢出效应。结果发现长三角地区服务业不仅存在收敛效应，也存在非收敛效应。钟韵（2014）基于经济增长理论，实证检验了服务业发展与其存在的内生收敛性，证实了建立一个服务业发展收敛框架的可行性，亦从一个侧面对大珠三角金融合作的成效做出了评判。谢智安（2015）以经济增长收敛理论为基础，结合服务业发展的特点，构建服务业发展收敛检验模型，研究发现：①不同年份收敛幅度有所差异，如 2008 年比 2004 年的收敛速度慢；②珠三角服务业发展收敛存在着明显的行业差异性；③服务业发展收敛检验模型受空间、政策等因素影响较大。肖磊（2018）基于服务业发展指数综合指标理论，采用空间自回归模型（SAR）和空间误差模型（SEM），通过研究 2006—2016 年中国 30 个省份的面板数据，实证检验了中国服务业发展过程中存在的上升趋势和地区差异性；同时中国服务业存在显著的绝对 β 收敛和条件 β 收敛。

Gabriel S. Sampson（2018）利用空间计量模型揭示了经济回报的空间模式和收获行为的空间溢出效应，认为任何特定地点的收获活动对同一地点的经济回报和周边地区的经济回报同样敏感。国内学者陈霞（2013）用服务业增加值作为因变量，用从业人数、固定资产投资、人力资本、当地经济发展水平 4 个因素作为自变量，纳入空间因素构建空间滞后模型（SAR）对中国东、中、西三大区域服务业发展的空间溢出效应进行研究，结果显示对于东部地区，只有固定资产投资和经济发展水平具有显著的空间溢出效应，对于中部地区，以上因素均不具有空间溢出性，而对于西部地区，由于经济比较落后，以上4个因素均表现为负向的空间溢出效应；胡春林（2018）以各城市现代服务业从业人数占全市单位从业人数比重作为衡量现代服务业发展水平，引入7个控制变量，利用空间滞后模型、空间误差模型和空间杜宾模型对长三角及长江经济带现代服务业发展进行空间溢出效应研究，结果表明现代服务业发展具有空间溢出效应，促进了本地区与周围地区经济的发展；李卓迪，黄兹龙，叶睿泽（2018）将用以度量工业制造业升级程度的资本利用率作为模型中的因变量，将用以衡量中国生产性服务业聚集程度的区位熵作为模型中的自变量，并选取信息化水平、知识密集度、外商直接投资、交通发达程度作为控制变量，构建空间杜宾模型（SDM）分析生产性服务业集聚对制造业升级的空间外溢效应，研究发现生产性服务业集聚对本地制造业升级具有一定的抑制效应。

（四）国内外研究现状总结

尽管服务业发展在世界各国经济中扮演的角色日益重要，但长期以来，国内外经济学者对服务业发展理论的研究都尚有不足。进入21世纪以来，服务业新的发展现实对于相关理论的发展有了新的要求。对于中国服务业发展现状而言，服务业理论发展则尤为重要。总结国内对于相关服务业发展的研究，相比国外，在理论方面仍有不足。首先，针对服务业发展的内在机制和运行进程的研究尚不透彻。国内学者大多从单一角度出发，并不是从相关产业发展的多角度综合。而服务业作为一个内部结构繁琐深奥、内在运行机制较为晦涩的产业，对其研究必须从多角度综合出发，系统地考察内部与外部因素的各自作用和相互作用，从而更好地为中国服务业发展提供较为扎实深刻的理论指导，为促进经济发展做出决策。其次，在对于服务业的研究分析方法上，国内学者主要从定性的角度出发，对于服务业产业各环节的运行过程没有精确考察。应更多的从定量角度入手，结合真实数据实证检验，理清各流程要素的关系。此外，在指标体系构建及评价方法上，由于科学理论与实际经验不足存在很多问题。因此，要素选取需准确反映服务业现状，从服务业内部结构与机制出发，不能停留在表面。以往在研究服务业发展水平时通常选用某个与服务业相关性较高的指标比如服务业增加值来反映服务业的发展水平，并以此为基础对各区域服务业进行分析，但如果仅仅选取一个指标是无法准确反映服务业发展水平的，一个地区的服务业发展状况会受到很多因素的影响。

基于此，本着全面性、代表性、适用性的原则，为客观评价地区现代服务业发展水平的高低，本书立足于中国国情，首先，编制一个包含发展基础、经济贡献、增长潜力三个维度的指标体系，并在这三个维度下选取16个相关指标，通过熵权法确定相关权重，以此来得出中国各区域服务业发展指数得分。然后，分别对全国31个省级行政区、全国15个副省级城市、全国百强城市、全国70个大中城市及湖北省服务业发展指数进行测算分析，全面分析不同维度服务业发展指数。接下来，通过得到的各省份服务业发展指数，在所得到的指数基础上进行空间差异性分析和空间相关性分析。随后，引入空间模型对中国各区域的服务业发展指数进行空间收敛性分析，并得出相关结论。最后，采取服务业综合指标进行区域差异和空间溢出效应分析，相比单一的服务业指标更加具有解释力和说服力，当前大部分文献在分析服务业区域差异和空间计量分析时主要采用服务业增加值或其他单一指标，未能全面反映出各地区服务业发展情况，本书使用测算出的服务业发展综合指标进行相关分析，所得结论可能会更加准确。

三、研究框架与内容

围绕中国服务业发展指数这一主题，本书主要从以下几个方面展开：①中国服务业发展指数的设计框架；②中国服务业发展指数描述性统计分析；③中国服务业发展指数空间差异和相关性分析；④中国服务业发展指数空间收敛分析；⑤中国服务业发展指数空间溢出效应分析。

全书共分为七章，除导论外共四大部分。第一部分（第一章）作为理论基础，介绍了指数编制理论、区域经济理论、服务业发展理论、综合评价理论和空间计量模型。第二部分（第二章）作为方法介绍，给出了衡量中国服务业发展指数的指标体系与测度方法，从而导出后续研究。第三部分（第三至六章）作为应用研究，依据第二章所建立的服务业发展指数统计模型从发展基础、经济贡献、增长潜力三个维度，首先对全国31个省级行政区服务业发展指数进行测算；其次对其空间差异性与关联度进行水平特征分析；再次研究其空间收敛性；最后，依据国家统计局官网数据，运用计量、数理等分析方法对所建立的服务业发展指数模型进行空间溢出效应分析。第四部分是结论部分（第七章）。具体研究框架如图1所示。

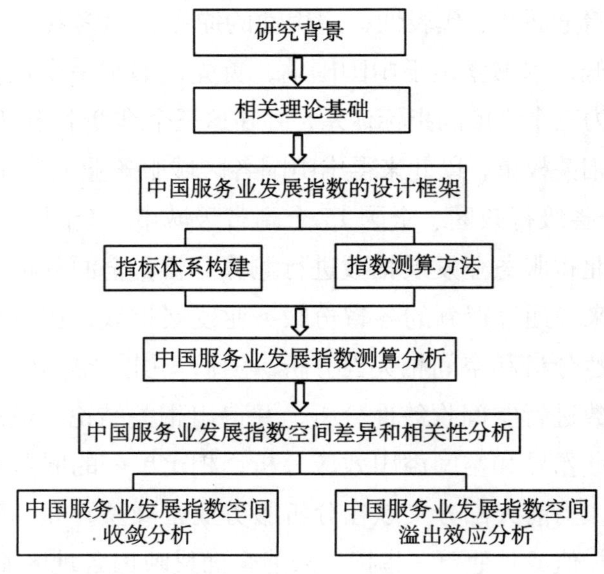

图 1　本书具体研究框架

四、研究方法

（一）定性分析和定量分析相结合

定性分析用于理论阐述、现象描述，了解问题之所在，定量分析用于对数据的处理与分析，定性分析与定量分析相互印证。本书利用定性分析法构建理论分析框架，回顾国内外服务业发展相关文献，提出值得深入探究的问题，梳理适用于中国服务业发展的相关理论，定性分析影响中国服务业发展指数的影响因素。针对本书的研究内容，在已有的评价体系上，根据中国国情，筛选出 16 个指标，构建服务业发展指数指标体系，在此基础上编制中国省级、副省级行政区服务业发展指数，并对得到的结果进行描述性统计分析，从多角度评价中国服务业发展现状，增强研究结论的科学性。

（二）规范分析与实证分析相结合

本书结合规范分析与实际分析，实证分析回答“是什么”的问题，不涉及价值判断，理论分析回答“应该是什么”的问题，以价值判断为前提。本书实证分析涉及大量相应指标的测算，运用了空间计量模型、空间相关性模型等方法，并通过规范分析进行补充，对中国服务业发展指数进行分析，进而依据分析结果从多角度对中国服务业良性发展提出具有一定可行性的建议。

（三）文献研究法

利用高校图书馆系统及网络文献检索系统，收集、整理、分析、比较关于服务业发展研究的著作、论文、期刊、国家相关政策等文件，了解国内外关于服务业发展的研究动向及主流方法，把握该领域学术前沿，探讨客观、准确地评价服务业的发展水平的综合评价体系。通过国家统计局、各省、市、自治区统计年鉴、统计公报，以及 EPS 中国宏观经济数据库、中经网等权威数据库获取研究数据，在已有的研究成果之上，构建符合中国国情的服务业发展水平指标体系框架。

（四）比较研究法

本书采用横向比较和纵向比较相结合的研究方法，横向比较是对某一时点不同研究对象的比较，纵向比较是对不同时期的同一对象动态轨迹的描述和分析。一方面，不同地域、不同省市在地理区位、产业发展差异性，导致了服务业发展的区域差异，本书通过横向比较对 2016 年服务业发展指数分区域、分省市的截面比较，总结总体特点和区域差异，得出 2016 年中国服务业的总体及区域发展情况；利用基尼系数、对数离差均值和泰尔指数，分析中国服务业省际差异、区域差异，同时，构建空间相关性模型分析中国服务业发展指数的空间相关性，引入空间计量模型来分析中国的服务业发展指数的空间收敛性。另一方面，本书基于 2011—2015 年中国服务业发展指数数据，纵向描述中国服务业的总体发展特征。

第一章　相关理论基础

第一节　指数编制理论

一、指数的基本概念

（一）指数的定义

指数，从统计学的角度出发，是一种反应经济社会变动情况的相对数，指数的作用在于：

（1）测定不能直接相加和不能直接对比的社会经济现象的总动态；

（2）分析社会经济现象总变动中各因素变动的影响程度；

（3）研究总平均指标变动中各组标志水平和总体结构变动的作用。

以下是一则出自于《新帕尔格雷夫经济学大辞典》中的“不明确”指数定义，其作者为迪沃特，笔者现将其原文译著转摘如下：

“对指数问题我们可以这样讲，假设有种商品的价格数据 $p^i \equiv (p_1^i, \ldots, p_N^i)$ 和数量数据 $q^i \equiv (q_1^i, \ldots, q_N^i)$，这 N 种商品是属于经济单位 i，或同一经济单位的时期 i 的，$i=1, 2, \ldots, I$。

指数的计算是找出 I 个数目的 P^i 和 I 个数目的 Q^i，使得

$$P^i \cdot Q^i = \sum_{i=1}^{N} (p^i \cdot q^i), i = 1, 2, \ldots, I \tag{1-1}$$

其中，P^i 对应时期 i 或（单位 i）的价格指数，Q^i 则是相应的物量指数。P^i 在某种意义上，是假设为全部的价格 p_n^i，$n=1, \ldots, N$ 的代表，而 Q^i 是数量 q_n^i，$n=1, \ldots, N$ 的代表。P^i 和 Q^i 以怎样的确切定义代表不同价格和数量并非显而易见，正是这种意义的不明确引起对指数理论的不同研究方法。请注意我们

要求价格和数量指数的乘积，P^iQ^i，等于实际时期（或单位）i 对 N 种商品的净支出 p^iq^i，因此，若确定了 p^i，则利用上式可以隐含的确定 Q^i，反之亦然。

引文中等式 $P^i \cdot Q^i = \sum_{i=1}^{N}(p^i \cdot q^i), i = 1,2,\ldots,I$。仅为理论说明公式，在具体实践中，它通常只能在对数据进行处理后应用，因本书主要定位于双边指数的研究，所以只考虑 $i=2$ 的特殊情况，此时可将以上理论说明公式修订为：

$$P \cdot Q = \frac{\sum_{n=1}^{N}(p_n^1 \cdot q_n^1)}{\sum_{n=1}^{N}(p_n^0 \cdot q_n^0)} \tag{1-2}$$

其中，P 代表价格指数，即反映 1 期价格水平相对于 0 期价格水平发生的变化；Q 代表当 P 确定后的隐含物量指数，即反映 1 期物量水平相对于 0 期物量水平发生的变化。

（二）指数的分类

从不同的角度，可以将统计指数分为不同的类别，见表 1－1。

表 1－1　统计指数分类

按所研究的范围不同	个体指数	说明单个事物或现象变动情况的相对数，如一种商品的价格指数、一种产品的产量指数、一种商品的成本指数等
	总指数	说明多种事物或现象综合变动情况的相对数，如价格指数、成本指数、工业生产指数、职工生活费用指数等
按所反映现象的特征不同	数量指标指数	反映数量指标变动状况的相对数，如产品产量指数、商品销售量指数、工业生产指数等
	质量指标指数	反映质量指标变动状况的相对数，如物价指数、成本指数、劳动生产率指数等
按所反映对象的对比性质不同	动态指数	将不同时间上的同类现象水平进行比较的结果，反映现象在时间上的变动情况，如股票价格指数、零售物价指数、工业生产指数、消费价格指数等
	静态指数	包括空间指数和计划静态指数，它们分别反映的是同类现象的数量在相同时间内不同空间的差异程度或实际对计划的差异程度

二、指数编制的基本方法

在实际应用中，个体指数编制比较简单，对于一些个别现象，只需要将基期和报告期的各种数量指标进行对比计算个体数量指标指数，将基期和报告期的各种质量指标进行对比计算个体质量指标指数。针对复杂的、反映多种要素构成的现象或事务及其综合变动情况，需要计算总指数，由于本书对象是总体，因此，接下来所介绍的统计指数编制方法都是针对总指数而言的。编制总指数方法主要分：简单指数法、加权指数法、调整型指数编制方法、函数方法。其中，简单指数法与加权指数法区别在于指数编制过程中是否考虑权数的作用，加权指数又分为加权综合指数和加权平均指数；调整型指数编制方法是针对加权指数编制中存在偏误提出的；函数方法是计算精度更高的一种编制方法。

在此，约定指数编制公式的相关符号：$\overline{K}_q$ 表示数量指标指数；$\overline{K}_p$ 表示质量指标指数；q 表示数量指标；p 表示质量指标；下标 1 表示报告期；下标 0 表示基期。

（一）简单指数法

简单指数法是指不采用加权的方式编制总指数，主要的计算方法有：

1. 简单综合法

简单综合法是 1738 年由法国学者杜托（Dutot）所创，他在其所著《从政治上考虑财政和商业》一书中，将路易十四与路易十二时代的价格从总数上加以对比，反映商品价格变化情况。简单综合法计算方法为，将报告期指标总和与基期指标总和相比较，公式如下：

数量指标指数：

$$\overline{K}_q = \frac{\sum q_1}{\sum q_0} \tag{1-3}$$

质量指标指数：

$$\overline{K}_p = \frac{\sum p_1}{\sum p_0} \tag{1-4}$$

简单综合法操作较为简单，但也有其显而易见的弊端，以价格指数为例，简单综合法忽略了计量单位的影响，使得计算的指数值有较大的差异。尽管在保证计量单位相同的前提下，根据不同商品的不同价值计算出的结果，受较高价值的商品的价格影响相对较大。在价值高的商品价格波动幅度较大的情况下，价值低的商品的价格浮动将无法在总指数中体现。

2. 简单平均法

简单算术平均法始于1764年，由意大利经济学家加利（G. R. Garli）在对比1750年与1500年的谷物、酒类和油三种价格综合变动时所使用。简单平均法是对个体指数之和进行简单算术平均，从而得到总指数的方法。公式如下：

数量指标指数：

$$\overline{K_q} = \frac{1}{n}\sum \frac{q_1}{q_0} \quad (1-5)$$

质量指标指数：

$$\overline{K_p} = \frac{1}{n}\sum \frac{p_1}{p_0} \quad (1-6)$$

简单平均法相对简单综合法而言，消除了商品价值不同带来的影响。但是，在计算时简单平均法隐含了加权的过程，且每种商品的权数均相等，这与商品重要性和价格变动的实际影响不符，实为不合理加权。

3. 简单调和平均法

简单调和平均法是计算个体指数的调和平均数，在实际中应用较少，公式如下：

$$\overline{K_p} = \frac{n}{\sum \frac{P_0}{P_1}} \quad (1-7)$$

4. 简单几何平均法

1863年，英国经济学家杰文斯（W. S. Jevon）在其著作《金价的暴跌》一文中提出了用于计算价格指数的简单几何平均法，即对个体指数计算简单几何平均数，公式如下：

$$\overline{K_p} = \left(\prod \frac{P_1}{P_0}\right)^{\frac{1}{n}} \quad (1-8)$$

5. 简单中位数法

简单中位数法是以个体指数数列中的中位数作为总指数的方法，公式如下：

$$I_p = med\left\{\frac{P_1}{P_0}\right\} \quad (1-9)$$

使用简单中位数法得到的总指数受个体指数项数影响较大。在个体指数项较少的情况下，计算结果的代表性不强。

6. 简单众数法

简单众数法是以个体指数数列中的众数作为总指数的方法，公式如下：

$$I_p = \mathrm{mod}\left\{\frac{P_1}{P_0}\right\} \tag{1-10}$$

简单众数法也受到个体指数项数的影响，个体指数项数较少时，不易产生众数，项数较多时，结果缺乏灵敏性。

总的来看，简单综合指数法计算较为简单，但未考虑商品重要性的影响，缺乏实际意义，在实际应用中受限较大，在国际上已经很少使用。

（二）加权综合指数法

1. 加权综合指数编制原则

不同商品对市场价格的影响不尽相同，在编制总指数时不可忽略商品重要性这一因素，加权综合指数法就是通过赋权的方法修正简单综合指数法的弊端，使得计算结果更具实际应用意义。

在计算综合总指数时，首先需要克服简单综合指数法中复杂现象不能直接加总的问题。为解决这一问题，我们引入同度量因素作为媒介因素，将度量单位不同、无法相加的复杂现象到能同度量、能加总的另一现象。在综合指数中，同度量因素也作为一个乘数因素对现象起了权衡轻重的作用，故在指数编制中，也将同度量因素称为权数。相应地，具有同度量因素或权数的综合指数就是“加权综合指数”。如何确定同度量因素，是编制总指数的基本问题。

首先，在客观经济社会中，经济现象受到多因素的影响，构成经济总体的数量指标和质量指标间复杂的关系反映了现象之间的经济联系，所以同度量因素选择要依据实际研究目的，考虑到目标指数的实际应用。

其次，是确定同度量因素所在的时期。在计算总指数时，将同度量因素固定在报告期或基期，使用的总指数公式不同，得到的数值结果是不相同的，目前广泛使用的综合指数为拉式指数与派式指数。

2. 拉氏指数

1864 年，德国经济学家艾蒂恩·拉斯贝尔（E. Laspeyres）首次提出拉氏指数，被称为“基期加权综合法”，计算公式如下：

数量指标指数：

$$\overline{K}_q = \frac{\sum p_0 q_1}{\sum p_0 q_0} \tag{1-11}$$

质量指标指数：

$$\overline{K_p} = \frac{\sum q_0 p_1}{\sum q_0 p_0} \tag{1-12}$$

3. 派氏指数

派氏指数是由德国经济学家哈曼·派许（H. Passche）于1874年首创的。他主张将数量指数和质量指数的同度量因素都固定在报告期水平来计算总指数，其方法被称为“报告期加权综合法”，计算公式如下：

数量指标指数：

$$\overline{K_q} = \frac{\sum p_1 q_1}{\sum p_1 q_0} \tag{1-13}$$

质量指标指数：

$$\overline{K_q} = \frac{\sum p_1 q_1}{\sum p_1 q_0} \tag{1-14}$$

4. 固定权数指数法

拉氏指数和派氏指数都是以实际资料和数据作为权数（同度量因素）的综合指数，而固定权数指数法的同度量因素是固定在特定时期的水平上。该方法是由英国农学家和经济学家杨格（Arthur Young）于1818年首次提出的，故又将用此方法得到的综合指数称为杨格指数。计算公式如下：

数量指标指数：

$$\overline{K_q} = \frac{\sum q_1 p_e}{\sum q_0 p_e} \tag{1-15}$$

质量指标指数：

$$\overline{K_p} = \frac{\sum p_1 q_e}{\sum p_0 q_e} \tag{1-16}$$

杨格指数的优点在于权数不随比较时期的变化而变化，这对于指数的编制和对比有极大的好处。但该指数也存在着明显的缺陷：编制不变价格目录工作浩繁；固定价格不能确切反映新产品出现的影响，特别当市场价格变动很大时，固定价格背离实际。所以，权数每隔一定时期必须加以调整，以反映客观实际的物量和价格状况。杨格指数在实践中运用广泛，如2004年以前，中国曾长期采用以不变价格为同度量因素的方式计算工业发展速度。

（三）加权平均指数法

1. 加权平均指数编制原则

加权平均指数法是计算总指数的另一方法，其编制原理为先对构成复杂总体的个别元素计算个体指数，再对个体指数进行加权平均得到总指数。加权平均指数法和加权综合指数法之间的区别在于：一是解决同度量问题的思路不同，加权综合指数是通过引进同度量因素，先综合后对比；加权平均指数则是通过计算个体指数，再进行加权平均，即先对比后平均；二是两种指数计算中使用到的资料有区别，加权综合指数通常采用全面资料，而加权平均数指数则是采用抽样资料。根据对个体指数加权平均所用的权数和方法不同，加权平均指数法又分为加权算术平均法、加权调和平均法、固定加权平均法。

2. 加权算术平均法

加权算术平均法是以基期总量数据（p_0q_0）作为权数，对个体指数加权平均计算总指数的方法，计算公式如下：

数量指标指数：

$$\overline{K_q} = \frac{\sum k_q p_0 q_0}{\sum p_0 q_0} = \frac{\sum \frac{q_1}{q_0} q_0 p_0}{\sum q_0 p_0} = \frac{\sum p_0 q_1}{\sum p_0 q_0} \quad (1-17)$$

质量指标指数：

$$\overline{K_p} = \frac{\sum k_p p_0 q_0}{\sum p_0 q_0} = \frac{\sum \frac{p_1}{p_0} q_0 p_0}{\sum q_0 p_0} = \frac{\sum p_1 q_0}{\sum p_0 q_0} \quad (1-18)$$

其中，k_p、k_q 为个体指数。

3. 加权调和平均法

加权调和平均法是以报告期总量数据（p_1q_1）作为权数，对个体指数加权平均计算总指数的方法，计算公式如下：

数量指标指数：

$$\overline{K_q} = \frac{\sum p_1 q_1}{\sum \frac{p_1 q_1}{k_q}} = \frac{\sum q_1 p_1}{\sum \frac{q_1 p_1}{\frac{q_1}{q_0}}} = \frac{\sum p_1 q_1}{\sum p_1 q_0} \quad (1-19)$$

质量指标指数：

$$\overline{K}_p = \frac{\sum p_1q_1}{\sum \frac{p_1q_1}{k_Q}} = \frac{\sum q_1p_1}{\sum \frac{q_1p_1}{\frac{p_1}{p_0}}} = \frac{\sum p_1q_1}{\sum p_0q_1} \tag{1-20}$$

其中，k_p、k_q 为个体指数。

从计算公式可以看出，在资料完全相同的情况下，使用以基期总量数据为权数的加权算术平均指数法得到的结果与拉氏指数是相同的，使用以报告期总量数据为权数的加权调和平均指数法得到的结果与派氏指数是相同的，虽然结果一致，但本质上仍然有区别，从对资料的要求上看，加权综合指数通常采用全面资料，而加权平均指数则是采用抽样资料。

4. 固定加权平均法

固定加权平均是一种通过在特定时间段内对相同度量因子加权来计算总指数的方法。固定权重是指在调整和计算后的一段时间内保持不变的权重。他们的数据可以根据有关的人口普查或抽样调查和综合统计报告表确定。实际上，固定权重通常基于经济发展相对稳定的时期的总价值的结构。一旦确定，它们将保持5年甚至10年不变，固定权数的表现形式为相对数（比重），用 ω 表示，固定加权平均法计算公式如下：

加权算术平均指数：

$$\overline{K} = \frac{\sum k\omega}{\sum \omega} \tag{1-21}$$

加权调和平均指数：

$$\overline{K} = \frac{\sum \omega}{\sum \omega/k} \tag{1-22}$$

固定权数的平均指数形式，在国内外的指数实践中应用广泛，例如国外的工业生产指数和消费品价格指数，以及中国的各种物价指数。

（四）指数编制的调整型公式

由各种指数编制的实例计算结果来看，存在许多差异，尤其是在派氏指数出现之后，西方统计学家提出了偏误理论，并从解决这一偏误着眼，对指数编制公式进行调整。

从拉氏指数和派氏指数的计算公式来看，当且仅当总体中的指数化因素与同度量因素分别按照同比例变化时，拉氏指数与派氏指数才恰好相等。故由于同度量因素选择的不同，计算结果往往不同，甚至差异较大，为解决指数的偏误，可以采取交叉加权综合法、几何平均综合法、最大公因数指数法来调和差异。

1. 交叉加权综合法

为解决拉氏指数与派氏指数的偏误，英国学者马歇尔（A. Marshall）与埃奇沃思（F. Y. Edgenorth）选择拉氏指数和派氏指数同度量因素的平均值作为同度量因素来编制综合指数。交叉加权综合指数公式被称为马埃公式，计算结果介于拉氏指数和派氏指数之间：

数量指标指数：

$$\overline{K}_q = \frac{\sum q_1\left(\frac{p_0 + p_1}{2}\right)}{\sum q_0\left(\frac{p_0 + p_1}{2}\right)} = \frac{\sum q_1(p_0 + p_1)}{\sum q_0(p_0 + p_1)} \tag{1-23}$$

质量指标指数：

$$\overline{K}_p = \frac{\sum p_1\left(\frac{q_0 + q_1}{2}\right)}{\sum p_0\left(\frac{q_0 + q_1}{2}\right)} = \frac{\sum p_1(q_0 + q_1)}{\sum p_0(q_0 + q_1)} \tag{1-24}$$

在马埃公式中，使用基期和报告期的物量平均值作为同度量因素，以消除加权所造成的偏误，按马歇尔—艾奇沃斯指数公式计算的指数在拉氏指数和派氏指数的计算结果之间，从抽象的理论意义上来说是成立的，它是对拉氏指数和派氏指数的权偏误的修正办法之一，但这却使公式所表达的具体内容模糊起来，因此，交叉综合加权法在实践中较少采用，一般只用于空间指数的编制。

2. 几何平均综合法

现代统计科学奠基人之一罗纳德·艾尔默·费舍尔（Ronald Aylmer Fisher）在1911年出版的《货币购买》一书中，对指数的计算方法详加论述，认为拉氏指数和派氏指数均存在偏误，并且偏误的方向相反。比如，在价格和需求呈负相关的静态经济场合，拉氏指数一般高估，称之为“上偏误”，即超加权；而派氏指数公式则与之相反，一般低估，称之为“下偏误”，即欠加权。于是费希尔指出真实的指数应存在于两者之间，计算总指数时适宜对两种指数进行几何平均，以消除偏差。1927年，费舍尔在其著作《统计指数的编制》中提出了一种取拉氏指数和派氏指数几何平均数的指数公式，命名为“理想公式”。

数量指标指数：

$$\overline{K}_q = \sqrt{\frac{\sum q_1 p_0}{\sum q_0 p_0} \times \frac{\sum q_1 p_1}{\sum q_0 p_1}} \tag{1-25}$$

质量指标指数：

$$\overline{K}_p = \sqrt{\frac{\sum p_1 q_0}{\sum p_0 q_0} \times \frac{\sum p_1 q_1}{\sum p_0 q_1}} \tag{1-26}$$

几何平均综合法在实际中多用于国际对比，如联合国编制的地域差别生活费指数，以及运用理想公式比较不同国家间人均国内生产总值差异。

3. 最大公因数指数法

美国经济学家约翰·梅纳德·凯恩斯提出以权数值中的最大公因数为权数的指数计算方法即最大公因数指数法（Greatest Common Divisor，GCD）。该方法的计算公式为：

$$\overline{K}_p = \frac{\sum p_1 q_{GCD}}{\sum p_0 q_{GCD}} \tag{1-27}$$

计算时取基期与报告期权数的公因数，或基期、报告以及中间时期权数的公因数。利用这种方法取得的权数，不偏重于某一年份，故可解决拉氏指数和派氏指数权数导致的偏误。从解决指数偏误的角度，凯恩斯公式可以说是一种巧妙的方法，但同样没有明确的经济含义。

（五）函数方法

函数方法在指数编制中的应用是指数理论界一度热衷探讨的话题。下面将以 Divisia 指数为例，介绍指数编制的函数型公式。

Divisia 指数是法国经济学家 F. Dicisia 于 1925 年提出的，他将微积分理论引入指数理论，故 Divisia 又被称积分价格指数。Dicisia 指数是以无穷小概念和连续性为基本原理，认为物价水平的变动应该联系购买者的主观效用考虑，甲商品涨价使购买者的效用损失，如果能被乙商品跌价而增加的效用所弥补，则应视价格水平不变。在物价比和物量比的坐标平面上，反映为一条效用无差异曲线，因时间的连续性，无差异曲线表现为连续函数，物价水平的变动就是对效用无差异曲线的上下波动。依据这一理论，积分物量指数和积分价格指数的公式分别为：

物价指数：

$$I_p^D = e^{\int_{c_p} \frac{\sum q_t dp_t}{\sum q_t p_t}} \quad (1-28)$$

物量指数：

$$I_q^D = e^{\int_{c_q} \frac{\sum p_t dq_t}{\sum p_t q_t}} \quad (1-29)$$

其中，C_p 和 C_q，分别是 d_p 和 d_q 的积分路径；0 代表基期，t 代表报告期，p_t 为报告期商品的价格。

由于微积分理论的应用，使得通过此方法计算出的指数精度大大提高，但 Divisia 指数所存在的缺陷主要有：第一，对积分路径有依赖性，作为线性积分，迪威夏指数的计算结果会受到所选择的积分路径的影响，因此通常要做不依赖积分路径的假定；第二，Divisia 指数的前提是经济指标存在某种连续函数，而事实上这种函数往往是不存在的。Divisia 指数在确定货币增长量、生产增长率及货币购买力评价理论等方面有着很重要的应用。

三、指数的评价标准

从统计意义来考虑，评价指数的优良性，要从以下几个方面进行考虑，要检验指数是否具备平均性、综合性、有效性、无偏性、一致性五个特性。

(一) 平均性

作为反映个体数量变化的总体方向和范围的指数，总指数必须对每个个体指数具有代表性。根据数学期望的含义，平均值是代表值的最简单形式，因此指数也需要具有平均的特性。

(二) 综合性

指数并非只是一个抽象化的代表值，它还必须具备实在的经济含义。因此，指数的构造必然要受到客观经济现象本身特点的制约，其计算过程要有一定的实际经济意义。因为指数说明的是不同时期的某种综合数量变动或对比关系，所以指数最终可以变形为两个有独立意义的综合数量之比。这一特性，可称为综合性。

(三) 无偏性

总体平均的角度来说，指数与反映总体中各个个体总变动的代表值之间的偏倚应该为零，即总指数应该准确地反映出所有个体量的总变动方向和总变动幅度。

（四）一致性

从大样本的角度而言，指数作为估计量，其反映的总体中各个个体总变动的代表值之间的偏倚，应随着样本容量的增加越来越接近于0。这样，具有一致性的指数就能较好地代表总体中个体量变动的总方向和总幅度，更好地说明经济现象变化的状态。

（五）有效性

指数作为估计量要求其标准误差尽可能地小，在相同的代表性样本中，采用不同的指标得到不同的指标，产生不同的差异。方差越小，总体偏离趋势越小，指标值越具有代表性，越能解释社会商品总体价格和数量的变化。因此，应选择方差和标准差较小的指标来衡量经济现象的变化。

第二节　区域经济理论

一、区域经济的基本概念

作为一门相对独立的科学，区域经济学形成于20世纪50年代，区域经济也叫“地区经济”，由经济地理学逐渐演变而来。指分布于各个行政区域的那部分国民经济。它的形成和发展最早源于1826年德国经济学家杜能提出的农业区位论。在长期的社会经济活动中，由于各种因素的作用，其中最主要、最基本的因素是受地理因素影响。20世纪60年代以来，随着区位研究从微观到宏观的不断拓展，政府为解决区域问题而加强对区域经济活动的干预，以及区域规划的大规模开展，区域经济得到了快速发展。

区域经济学是研究和揭示区域与经济相互作用规律的一门学科。主要研究市场经济条件下生产力的空间分布及发展规律，探索促进特定区域而不是某一企业经济增长的途径和措施，以及如何在发挥各地区优势的基础上实现资源优化配置和提高区域整体经济效益，为政府的公共决策提供理论依据和科学指导。

具体分析区域经济发展中的规律性问题，包括区域特征分析，目标系统与政策、手段、产业结构演进、人口增长与移动、城市建设与布局、区域国土规划，区域联合与区际利益的协调，区域比例关系。学科主要研究方向包括：城市化与城市经济问题、空间结构理论、区域生产力布局、资源合理开发利用、农村经济、区域规划及管理、区域投融资等。

衡量区域经济合理发展应当有一个指标系统，从中国许多地区经济发展情况来看，一般包括以下5个方面：

（1）考虑整个国家经济发展的总体布局，分析地区经济在国家经济中的地位和作用。

（2）地区经济发展的速度和规模是否适合当地的情况（包括人力、物力和资金等因素）。

（3）规划设计的地区经济开发和建设方案能否最合理地利用本地的自然资源和保护环境。

（4）地区内各生产部门的发展与整个区域经济的发展应当比较协调。

（5）除生产部门外，还要发展能源、交通、电信、医疗卫生和文化教育等区域性的基础设施。注意生产部门与非生产部门之间在发展上的相互适应。

根据对资源配置方式选择的不同，形成了不同的区域经济理论派别。下面介绍区域经济理论的五种主要理论流派：

（一）平衡发展理论

平衡发展理论的出发点是促进产业协调发展，缩小区域发展差距。平衡发展理论是在哈罗德—多马新古典经济增长模型基础上提出的。代表性的理论有罗丹的大推进理论和纳克斯的平衡增长理论。促进理论的核心是外部经济效应，即通过对互补部门的同时投资，一方面可以创造一个相互需求的市场，解决由于市场需求不足而阻碍经济发展的问题；另一方面可以降低生产成本，增加利润，提高储蓄率，进一步扩大投资，消除供应不足的瓶颈。

（二）不平衡发展理论

区域经济不平衡发展理论是区域经济学的核心。赫希曼认为经济增长的过程是不平衡的，该理论强调经济部门或产业的不平衡发展和资源的相关性和最优配置的作用。他认为，发展中国家应集中有限的资源和资本，优先发展少数“主导部门”，特别是“直接生产活动”。非平衡发展的核心是相关效应原理。关联效应是各产业部门相互影响和相互依存的关联程度，可以通过需求价格弹性和工业产品收入弹性来衡量。因此，优先发展投资和发展的产业必须是关联效应最大的产业，需求价格弹性最大的产业和产品收入弹性最大的产业。

（三）区域分工贸易理论

劳动与贸易分工理论最初是为了国际劳动与贸易分工而提出的。后来，它被地区经济学家用来研究地区的劳动分工和贸易。早期的分工贸易理论主要包括亚当·斯密的绝对利益理论、大卫·李嘉图的比较优势理论、赫克歇尔和俄林的生产要素禀赋理论。绝对利益理论认为，任何地区都有一定的生产条件。如果在绝对有利的条件下进行劳动分工并进行交换，那么每个地区的资源将得到最有效的利用，从而提高地区生产力，提高地区利益。

（四）梯度转移理论

梯度转移理论起源于工业生产的生命周期理论。根据这一理论，区域经济的发展取决于其产业结构的状态，其产业结构的状态取决于区域经济部门的状态，特别是主导产业在其产业生命周期中的阶段。如果主导产业由处于创新阶段的专业部门组成，则该地区具有发展潜力，属于高梯度区域。与梯度转移理论相似的是日本学者萧道清提出的雁行模式（类似于雁群产业升级模式）。他将日本和亚洲四小龙、东盟、中国等国家和地区划分为不同的发展梯度，并分别命名为第一批、第二批、第三批和第四批大雁。如今，随着人们收入的增加和第三产业消费水平的提高，有必要将雁行模式延伸到服务业。传统服务业不能促进经济增长和产业转型升级，可以应用于高附加值、高贸易量的现代服务业。

（五）增长极理论

增长极理论最早由法国经济学家帕鲁在 1950 年的《经济学季刊》上发表的文章《经济空间：理论与应用》中提出。帕鲁认为，各地的增长速度不同；相反，在不同的时期，增长的动力往往集中在一些领先行业和创新产业，而这些行业和创新产业一般集中在一些地区。因此，国民经济的增长往往集中在不同时期的不同地区。这个理论很实用。在以五大湖区和中心为经济区域中心的美国，日本采取增长极的发展战略，中心建设的五个卫星城和九个副中心是这一理论的实际应用。然而，增长极理论忽略了培养过程中地区或产业增长极，它也可能增加之间的差距区域增长极和周边地区的富人和穷人之间的不相容工业增长极和其他行业，影响周边地区和其他产业的发展。

二、区域经济合作理论

区域经济合作指不同地区的经济主体依据一定的协议、章程或者合同，将生产要素在地区之间重新配置、组合，这是生产要素在区域之间流动和重新组合的过程，其目的在于经济主体可以获得经济社会利益最大化，实现共同繁荣和发展。区域经济合作的主体日益多元化，国家与国家之间、地区与地区之间、企业与政府之间等等，区域经济发展的优化也代表着区域经济一体化水平的提高。区域经济合作的内容是多方面的，包括工业贸易合作、资金合作、劳务合作、科学技术合作等等。从国家之间合作的角度来看，推动区域经济合作有利于成员自身的贸易发展、有利于成员国之间的国际分工和专业化生产、有利于各成员国进行产业结构调整和资源配置合理化。当前中国内部的区域经济一体化有京津冀城市群、长江经济带、珠江三角洲、环渤海经济圈等，中国参与的国际经济一体化有中国—东盟自由贸易区、中国—巴基斯坦自贸区、中韩自贸区等。国际经济一体化与地区经济一体化密不可分，二者有着必然的联系，国际经济一体化是地区经济化的延伸和发展，而国际经济一体化必须是以地区经济化为前提的。

许多国内学者从国际区域经济的角度对区域经济合作进行定义，傅梅冰（1993）认为区域经济合作是指国家之间为了提高生产力水平，通过签订协议把部分民族国家经济主权让渡给某一个超国家机构，并共同行使这部分权力的一种行为方式。刘光溪（2003）认为所谓区域经济合作通常是在地理位置邻近的国家，为了谋求经济社会利益而促使生产要素在区域之间流动和重新组合的动态过程。秦放鸣（2010）从地域的角度认为，区域经济合作可以分为国内区域经济合作与国际区域经济合作两种。其中，国内区域经济合作指的是国内某几个省份间的经济协作过程，而国际区域经济合作指的是一个国家与相邻或相近国家甚至世界其他国家开展的经济合作活动，并且国际区域经济合作涉及参与国的主权、风俗、历史、法律和经济条件等诸多问题。区域经济合作的基本理论有以下几点：

（一）要素禀赋理论

俄林的要素禀赋理论将国际贸易和区际贸易的领域由产品拓展到生产要素，并认为正是由于各地区生产要素禀赋的不同决定了地区之间的贸易格局，而生产要素的区际流动能够改变地区要素禀赋之不足，提高地区生产效率。俄林的要素禀赋理论为区域经济合作奠定了基本的理论基础。

（二）新要素学说

新要素学说包括三个方面的内容，一是人力资本学说，劳动力实质上是一种不同质的生产要素，当人们通过对劳动力进行投资，使一定量的资本与劳动力相结合，就会使劳动力的质量升华，从而产生出一种新的生产要素，即人力资本；二是研究与开发学说，于20世纪60年代由美国经济学家格鲁伯、弗农等人提出，他们认为随着经济发展和技术进步，无形的生产要素正起着日益重要的作用，研究与开发就是最重要的一种无形的生产要素；三是技术进展理论，该理论认为技术和创新能力领先的国家具有更强的开发新产品、新工艺的能力，技术水平的高低对于国际贸易的比较优势具有决定作用。

（三）区域发展相互依赖理论

该理论认为世界各国的经济社会发展都是相互关联、相互依赖的，原因在于各国政治军事力量的制衡，以及经济技术的不均衡使得各国需要依赖其他国家的经济技术完成本国的技术进步和经济发展。

第三节　服务业发展理论

一、服务业的基本概念

1977年，霍尔（T. P. Hill）首次提出了“服务”概念：“服务是指人或隶属于一定经济单位的物，在事先合意前提下，由于其他经济单位活动所发生的变化……”。在早期，国外学术界将服务业称之为“第三产业”。20世纪20年代，澳大利亚等国的民间就有了“第一产业”“第二产业”的相关术语，费舍尔由此提出了新的概念，即“第三产业”，并于1935年将其写入《安全与进步的冲突》一书。关于第一、第二、第三产业术语的正式运用，并在统计上进行分类，起源于20世纪40年代英国经济学者科林·克拉克的著作《经济进步的条件》。克拉克在该著作的第三版中以“服务性行业”取代了“第三产业”的称呼，认为前者更为明确，并提出费舍尔对于第三产业的概念存在混淆情况，不少学者对此观点表示认同。随后，现代西方经济学理论将“第三产业”用“服务业”替代。1968年美国经济学家维克多·R. 富克斯在其所著的《服务经济学》一书中，首次正式使用这一理论术语（参见表1－2）。

表 1-2　　服务业的概念

区分依据	具体内容
发展次序	①传统服务业：含商业、饮食、金融、保险、租赁、交通、通讯、文教、法律、医保、洗理、服装、修理、装演、娱乐等；②现代服务业含物流、情报信息、咨询会计、广告、旅游、技术服务等
技术含量	①传统服务业含未使用现代技术或未经组织改造的传统服务业现代服务业；②含使用现代技术或经组织改造的传统服务业及新兴服务业
服务对象	①生活服务业含商业、饮食、服装、洗理、洗染、修理、娱乐、养花及交通运输中的客运业旅游、住宅等；②社会服务业含邮电通信、金融保险、租赁、文教、体育、医保、广播电视、环保、律师、会计、档案、婚介等；③生产服务业含技术服务、情报信息、包装装潢、货运、广告、建筑劳务等
中国现行统计方法	农业、工业和建筑业以外的行业，包括交通、仓储和邮政业，信息、软件业，批零业，餐饮业，金融业，房地产业，租赁和商务业，科技和地质勘查业，水利、环境和公共设施管理业，居民服务和其他服务业，教育、卫生、社会保障和社会福利业，文化、体育和娱乐业，公共管理和社会组织等

服务业，指利用设备、工具、场所、信息或技能为社会提供服务的业务，包括代理业、旅馆业、餐饮业、旅游业、仓储业、租赁业、广告业和其他服务业。服务业起源于“第三产业”，这个来自西方的概念。许多经济学家都从不同的角度对第三产业进行过研究，在不同程度上，揭示了第三产业的经济范畴和发展规律。服务业是随着商品生产和商品交换的发展，继商业之后产生的一个行业。商品的生产和交换扩大了人们的经济交往。服务业从为生活服务，扩展到为生产服务，经历了一个很长的历史过程。服务业的社会性质也随着历史的发展而变化。在前资本主义社会，主要是为奴隶主和封建主服务，资本主义服务业以盈利为目的，资本家和服务劳动者之间的关系是雇佣关系。社会主义服务业是以生产资料公有制为基础，以提高人民群众物质文化生活为目的，是真正为全社会服务的行业。基于不同的研究目的和实际应用的需要，我们可以将服务业进行多角度的区分。

二、服务业发展的经济理论

学术界形成的服务业发展代表性经济理论有罗斯托五阶段理论和贝尔三阶段理论。

首先，罗斯托五阶段理论。在罗斯托看来，不同的经济发展水平对应的社会阶段可以分为五个，传统社会阶段、起飞预备阶段、起飞—成熟阶段、高额群众消费阶段，这是他根据经济史的相关事实所做的结论。此后，他又在最后加了“追求生活质量阶段”。罗斯托认为所谓“传统社会阶段”指的是人们的生产生活囿于自然条件的限制，生产活动集中在农业方面，生产力水平低下，此时人们对于世界的认知处于较为原始的状态；“起飞预备阶段”是起飞前的准备期，这个时期人们的生产生活开始逐步发生变化，非农业部门也开始迅速发展起来，例如金融市场、交通设施、通讯等；“起飞—成熟阶段”指的是快速增长过后的平稳期，随着现代化产业的发展，经济社会进入了进的阶段，然后逐步走向成熟，“起飞”的过程是充满挑战的，一旦进入成熟，那么社会就到达高度物质文明；在“高额群众消费阶段”，城市化进程将达到新的高度，社会、人民拥有富余的物质财富，资源配置也将进入福利时代。

其次，贝尔的三阶段理论。美国社会学家丹尼尔·贝尔以“后工业社会”理论为基础分析了社会的经济结构，他认为经济结构决定了社会结构和文化现象，并具体提出了人类社会发展的三个阶段。第一阶段：前工业社会，即传统制度下的农业社会，在这个社会中，人类的斗争对象主要是自然，人们为了满足生活需要而进行生产，且生产率较低；第二阶段：工业社会，即商品生产社会，这种社会由机器统治，是一个技术化的世界，人、物质和市场的存在是为了商品的生产和流通，此时人类的斗争对象转变为“装配的自然”。第三阶段：后工业社会，这个社会以服务为基础，主要矛盾是人与人之间的斗争，信息成了财富的来源，而不再是体力和能源。贝尔发现服务业占比与经济发展并非简单的线性关系，因而需要将“后工业社会”中的服务业与其他时期的服务业加以区分，以突出后工业社会“服务社会”的特点。为此他将服务业发展同样划分为三个阶段：第一，在工业发展阶段，商品和能源的需求日益提升，交通和公共设施作为其辅助服务必然也要得到扩展，那么蓝领工人的数量也会不断增长；第二，随着消费和人口的大规模增长，在金融和保险等领域中，传统白领就业机会将会上升；第三，随着国民收入的提高，人们在食物上的开销越来越少，而将更多的消费用于耐用品和奢侈品，因而第三产业得到了极大的发展。

综上所述，服务业的发展历程可总结为：个人服务和家庭服务→交通通讯及公共设施→商业、金融和保险业→休闲性服务业和集体服务业。贝尔对服务业的研究能够说明两点，一是服务业作为一个产业整体，在经济发展的三个时期无时无刻不在发展；二是在不同时期，服务业为了适应不同的生产技术水平，其内部结构也在不断的变化和发展。

第四节　综合评价理论

一、综合评价的基本概念

综合评价，也叫综合评价方法或多指标综合评价方法，是指使用比较系统的、规范的方法对于多个指标、多个单位同时进行评价的方法，在现实中应用范围很广。综合评价是针对研究的对象，建立一个进行测评的指标体系，利用一定的方法或模型，对搜集的资料进行分析，对被评价的事物作出定量化的总体判断。综合评价可以避免一般评价方法局限性，使得运用多个指标对多个单位进行的评价成为可能。这种方法从计算及其需要考虑的问题上看都比较复杂，但由于其综合性和系统性的特点，使得综合评价方法得到广泛的认可，并在实践中广泛应用，如工业经济效益综合评价，小康生活水平综合评价、科技进步的综合评价，国家（地区）的综合实力评价、和谐社会评价等。随着计算机的普及，综合评价计算方法的复杂性已经不成问题，使其功能更加突出。

构成综合评价问题的五个要素分别为：被评价对象、评价指标、权重系数、综合评价模型和评价者。

1. 被评价对象

被评价对象就是综合评价问题中所研究的对象，或称为系统。通常情况下，在一个问题中被评价对象是属于同一类的，且个数要大于 1，不妨假设一个综合评价问题中有 n 个被评价对象（或系统），分别记为 $S_1, S_2, \dots, S_n (n > 1)$。

2. 评价指标

评价指标是反映被评价对象（或系统）的运行（或发展）状况的基本要素。通常的问题都是有多项指标构成，每一项指标都是从不同的侧面刻画系统所具有某种特征大小的一个度量。一个综合评价问题的评价指标一般可用一个向量表示，其中每一个分量就是从一个侧面反映系统的状态，即称为综合评价的指标体系。评价指标体系应遵守的原则：系统性、科学性、可比性、可测性（即可观测性）和独立性。这里不妨设系统有 m 个评价指标（或属性），分别记为 x_1，$x_2, \dots, x_m (m > 1)$，即评价指标向量为 $\boldsymbol{x} = (x_1, x_2, \dots, x_m)^T$。

3. 权重系数

每一综合评价的问题都有相应的评价目的，针对某种评价目的，各评价指标之间的相对重要性是不同的，评价指标之间的这种相对重要性的大小可以用权重系数来刻画。如果用 w_j 来表示评价指标 $x_j (j = 1, 2, \dots, m)$ 的权重系数，则应有 $w_j \geqslant 0 (j = 1, 2, \dots, m)$，且 $\sum_{j=1}^{m} w_j = 1$。

4. 综合评价模型

对于多指标（或多因素）的综合评价问题，就是要通过建立合适的综合评价数学模型将多个评价指标综合成为一个整体的综合评价指标，作为综合评价的依据，从而得到相应的评价结果。

不妨假设 n 个被评价对象的 m 个评价指标向量为 $\boldsymbol{x} = (x_1, x_2, \dots, x_m)^T$，指标权重向量为 $\boldsymbol{w} = (w_1, w_2, \dots, w_m)^T$，由此构造综合评价函数为 $\boldsymbol{y} = f(\boldsymbol{w}, \boldsymbol{x})$。

如果已知各评价指标的 n 个观测值为 $\{x_{ij}\}\{i = 1, 2, \dots, n; j = 1, 2, \dots, m\}$，则可以计算出各系统的综合评价值 $y_i = f(\boldsymbol{w}, \boldsymbol{x}^{(i)})$，$\boldsymbol{x}^{(i)} = (x_{i1}, x_{i2}, \dots, x_{im})^T (i = 1, 2, \dots, n)$。根据 $y_i (i = 1, 2, \dots, n)$ 值的大小将这 n 个系统进行排序或分类，即得到综合评价结果。

5. 评价者

评价者是直接参与评价的人，可以是某一个人，也可以是一个团体。对于评价目的选择、评价指标体系确定、评价模型的建立和权重系数的确定都与评价者有关。

因此综合评价的一般步骤可以概括为：明确评价目的；确定被评价对象；建立评价指标体系（包括评价指标的原始值、评价指标的若干预处理等）；确定与各项评价指标相对应的权重系数；选择或构造综合评价模型；计算各系统的综合评价值，并给出综合评价结果。

二、综合评价方法

（一）层次分析法

层次分析（AHP）法，是一种将定性分析与定量分析相结合的决策方法，由 T. L. Satty 于 20 世纪 70 年代提出。这一方法将人们的经验和判断进行量化，从而可以计算出不同方案的相对重要性，从而使决策问题更加简洁明了，也使得决策者的思路更有层次和条理，层次分析法不仅适用于存在不确定性和主观信息的情况，还允许运用经验来进行判断，但是层次分析法对评价指标体系有特定的要求，在分析之前需要相关专家的咨询比较，建立判断矩阵。

AHP 分析方法的权重确定分为以下步骤：

1. 建立递归层次模型

在对实际问题进行深入分析的基础上，根据不同的属性将相关因素从上到下分解为几个层次。其中，上一层的因素控制下一层，而下一层的因素反过来又会对上一层的因素产生影响。

2. 构建比较判断矩阵

从第 2 层开始，依次对同层的每一个元素的重要性进行比较。假设模型某层有 n 个元素，则判断矩阵为：

$$A = (a_{ij})_{n \times n}$$

$$A = \begin{pmatrix} a_{11} & a_{12} & \cdots & a_{1n} \\ a_{21} & a_{22} & \cdots & a_{2n} \\ \vdots & \vdots & \ddots & \vdots \\ a_{n1} & a_{n2} & \cdots & a_{nn} \end{pmatrix} \tag{1-30}$$

3. 计算单指标权重

层次分析法主要有两种计算权重的方法，即和积法和方根法。

4. 单指标权重一致性检验

计算最下层的组合权向量，检验其组合一致性，若检验通过，则可进行决策，否则需要建立新的模型。

（二）熵权法

熵权法是一种客观加权法。它通过使用熵值提供的信息量来确定索引权重。其中，熵是对系统混乱程度的度量。指标的熵值越小，提供的信息量越大，权重也越大。

熵权法可以避免人为因素的干扰，使评价结果更加真实。同时，熵权法还克服了现有评估方法的评估过程受人为因素影响较大的问题。通过计算指标的熵值，可以测量指标能够提供的信息量，以确保指标体系的科学性。

熵权法权重的确定分为以下几个步骤：

1. 正向指标的无量纲化处理：

$$X'_{ij}=\frac{\max(X_j)-X_{ij}}{\max(X_j)-\min(X_j)} \tag{1-31}$$

2. 计算第 i 年份第 j 项指标值的比重：

$$Y_{ij}=X'_{ij}/\sum_{i=1}^{m}X'_{ij} \tag{1-32}$$

3. 计算指标信息熵：

$$e_j=-k\sum_{i=1}^{m}(Y_{ij}\times\ln Y_{ij}) \tag{1-33}$$

4. 计算信息熵冗余度：

$$d_j=1-e_j \tag{1-34}$$

5. 计算指标权重：

$$W_i=d_j/\sum_{j=1}^{n}d_j \tag{1-35}$$

（三）因子分析法

1. 基本原理

20 世纪初期，皮尔森和斯皮尔曼在对智力测量进行统计分析时首次提出了因子分析。因子分析是一种降维处理技术，使用少量的因子来表示众多无法观测到的隐藏变量，并描述这些隐藏变量之间的协方差关系。

与主成分分析不同的是，因子分析需要建立因子模型，表示为隐藏变量和随机变量的线性组合，而主成分分析则仅仅是一种变量的转换，而且是将主成分表示为原始变量的线性组合。实际上，因子分析可以认为是主成分分析的一种扩展。

2. 计算步骤

公因子和特殊因子的组合决定了各个指标的变化，因子分析的目的是找出这些公共因素，以便对指标的变化做出合理的解释，因子分析的步骤如下：

（1）原始变量标准化。对所选取的样本指标值 $X_{ij}(i=1,2,\dots,n;j=1,2,\dots,p)$ 进行正态标准化处理，其标准化的数学模型为：

$$Z_{x_{ij}}=\frac{x_{ij}-\bar{x}_j}{\sqrt{Var(x_j)}}(i=1,2,\dots,n;\ j=1,2,\dots,p) \tag{1-36}$$

（2）确定相关程度。如果变量间彼此独立，则无法从中提取公因子，不适合做因子分析，因此在进行因子分析前，需要确定变量之的相关程度，通常有两种方法，即巴特利球形检验和 KMO 检验。

巴特利特球形检验是以变量的相关系数矩阵为出发点的。它的 0 假设相关叙述矩阵是一个单位阵，巴特利特球形检验的统计量是根据相关系数矩阵的行列式得到的。如果该值较大，且其对应的相伴概率值小于原始变量之间存在的相关性，适合作因子分析；相反则不适合作因子分析。假设有 r 个分组，每组的标准差为 $s_1^2, s_2^2, \dots, s_r^2$，则有统计量：

$$K^2 = \frac{1}{c}\left[(n-r)\ln MSE - \sum_{i=1}^{r}(n_i - 1)\ln s_i^2\right] \tag{1-37}$$

近似服从 $\chi^2(r-1)$，其中 $c = 1 + \frac{1}{3(r+1)}\left[\sum_{i=1}^{r}\frac{1}{n_i - 1} - \frac{1}{n-r}\right]$

KMO 统计量通过比较变量间简单相关和偏相关系数，取值范围在 0 和 1 之间。若 KMO 的值越接近于 1，变量间的相关性越强，偏相关性越弱，则所有变量之间的简单相关系数平方和远大于偏相关系数平方和，越适合作因子分析，相反则不太适合。计算公式如下：

$$KMO = \frac{\sum\sum_{i\neq j} r_{ij}^2}{\sum\sum_{i\neq j} r_{ij}^2 + \sum\sum_{i\neq j} p_{ij}^2} \tag{1-38}$$

其中，r_{ij}^2, p_{ij}^2 分别是变量 i 变量 j 间的简单相关系数和偏相关系数。

（3）提取公共因子，计算特征值和特征向量。利用标准特征方程 $|\lambda I - R| = 0$ 求出矩阵 R 的特征向量 $\mu_1, \dots, \mu_n$ 和特征值 $\lambda_1 \geqslant \lambda_2 \geqslant \dots \geqslant \lambda_n \geqslant 0$，取前 q 个特征值和特征向量，可得因子载荷矩阵：

$$A = \begin{pmatrix} \mu_{11}\sqrt{\lambda_1} & \mu_{12}\sqrt{\lambda_2} & \cdots & \mu_{1q}\sqrt{\lambda_q} \\ \vdots & \vdots & \vdots & \vdots \\ \mu_{n1}\sqrt{\lambda_1} & \mu_{n2}\sqrt{\lambda_2} & \cdots & \mu_{nq}\sqrt{\lambda_q} \end{pmatrix} \tag{1-39}$$

对于因子载荷矩阵和特殊因子方差的估计，主要包括极大似然估计法，主成分法和主因子法等等，其中最常用的是极大似然估计法。

由正交因子模型可得，$E(x) = \mu$，$Cov(x) = \Lambda\Lambda' + C$。正交因子模型的协方差结构为 $\sum = \Lambda\Lambda' + C$，这里不妨设 $x_1, \dots, x_p$ 是来自正交因子模型的样本，那么 $x_i = \mu + \Lambda f_i + \varepsilon_i$，$(\mu, \Lambda, C)$ 的似然函数为：

$$L(\Lambda, C) = |\Lambda\Lambda' + C|^{-\frac{n}{2}}\exp\left\{-\frac{n}{2}tr\left[(\Lambda\Lambda' + C)^{-1}G\right]\right\} \tag{1-40}$$

其中，$G = \dfrac{V}{n}$，$V = \sum_{i=1}^{n}(x_i - \bar{x})(x_i - \bar{x})'$，即样本离差阵。

（4）公共因子数的似然比检验。通过比较原假设和备择假设下的似然可以检验因子分析模型的实用性，检验统计量 LR 为：

$$-2\ln\left(\frac{H_0\text{下最大似然}}{\text{最大似然}}\right) = n\ln\left(\frac{|\Lambda\Lambda' + C|}{|\sum|}\right) \tag{1-41}$$

如果 $\{n-1-(2p+4k+5)/6\}\ln\left(\dfrac{|\Lambda\Lambda' + C|}{|\sum|}\right) > \chi^2_{1-\alpha;\{(p-k)^2-p-k\}/2}$，则可以拒绝因子分析模型。

（5）公共因子的解释。在通过用一个正交矩阵右乘矩阵 A，就可以得到旋转矩阵，从而进一步简化载荷矩阵，再结合实际背景和经济含义对因子进行命名和解释。

（6）计算因子得分。根据因子得分矩阵，求出各因子的得分状况，即：

$$\begin{cases} f_1 = a_{11}x_1 + a_{21}x_2 + \cdots + a_{n1}x_n \\ f_2 = a_{12}x_1 + a_{22}x_2 + \cdots + a_{n2}x_n \\ \vdots \\ f_k = a_{1k}x_1 + a_{2k}x_2 + \cdots + a_{nk}x_n \end{cases} \tag{1-42}$$

则综合得分状况为：$F = \sum_{i=1}^{q}\alpha_i f_i, i = 1,2,\ldots,q$。

（四）主成分分析法

1. 主成分分析的基本原理

如今，许多经济问题需要从多个角度进行分析，许多指标被用作变量。由于许多指标之间存在复杂的关系，因此很难找到彼此完全不相关的原始指标。因此，主成分分析法是利用降维的思想，用较少的综合指标代替更多的原始指标，从而覆盖了足够多的信息，并可以得到相互不相关的变量，有利于经济问题的分析。

主成分分析的核心思想是用较少的综合变量来表达 m 个指标中包含的许多信息。这种降维的想法是通过将原始指标标准化以获得综合指标而获得的，公式如下：

$$\begin{cases} z_1 = b_{11}x_1^* + b_{12}x_2^* + \cdots + b_{1m}x_m^* \\ z_2 = b_{21}x_1^* + b_{22}x_2^* + \cdots + b_{2m}x_m^* \\ \vdots \\ z_p = b_{p1}x_1^* + b_{p2}x_2^* + \cdots + b_{pm}x_m^* \end{cases} \tag{1-43}$$

2. 主成分分析的主要步骤

（1）原始数据预处理。预处理主要包括两个方面的工作，即相同的趋势处理和标准化处理。相同的趋势处理是要显示所有指标相同的相关性。标准化是将不同数量级和尺寸转换为相同数量级和尺寸的过程。

（2）查找特征值和特征向量。处理原始数据后的下一步是测量每个原始索引之间的相关系数，然后建立相关系数矩阵。最后，从相关系数矩阵中获得特征值和特征向量。

（3）确定主成分数。在实际操作中，对前几个主成分的累积方差贡献率的要求是85%。如果这样的主成分包含足够的有用信息，则可以丢弃其余的主成分。

（4）确定各主要成分的权重。为了计算综合得分，将与回归方程中分析所需的每个主成分相对应的方差贡献率作为比率，从而测量每个样本个体的总得分，然后根据得分的大小，排序并列出排名。

（五）模糊评价法

1. 模糊评价法基本原理

模糊评价综合考虑所有的因素，以选择最佳的评价结果。它基于模型框架，采用模糊数学法处理了观测数据的不确定性问题，将集合中“属于”的概念模糊化和数量化，使得同一集合中不同元素有着不同的隶属程度。

2. 模糊评价法的基本步骤

模糊评价法包括是对单个因素进行评价和对所有因素进行综合评价，具体步骤如下：

（1）确定各种影响因素构成的集合：

$$U = (u_1, \dots, u_m) \tag{1-44}$$

其中，u_i 表示第 i 个影响因素，m 是因素的个数。

（2）建立权重集。对各个因素 u_i 赋权，即 $a_i, i = 1, 2, \dots, m$，由各个权重 a_i 组成 U 上的一个模糊集，又称为权重集：

$$A = (a_1, \dots, a_m) = \frac{a_1}{u_1} + \frac{a_2}{u_2} + \cdots + \frac{a_m}{u_m} \tag{1-45}$$

（3）建立评价标准集。评价主体对评价对象做出的评价结果不确定，评价标准集是所有可能出现的结果所组成的集合，可表示为：

$$V = (v_1, v_2, \dots, v_n) \tag{1-46}$$

其中，v_i 表示第 i 个评价结果，n 为评价结果的数量。

（4）单因素模糊评价。计算单因素评价矩阵 R：

$$R = \begin{bmatrix} r_{11} & r_{12} & \cdots & r_{1n} \\ r_{21} & r_{22} & \cdots & r_{2n} \\ \cdots & \cdots & \cdots & \cdots \\ r_{m1} & r_{m2} & \cdots & r_{mn} \end{bmatrix} \tag{1-47}$$

矩阵 R 表示因素集 U 和标准集 V 之间的模糊关系。

（5）模糊综合评价。用单因素评价的每列元素之和 $c_j = \sum_{j=1}^{m} r_{ij}$ 来反映所有因素的综合影响，再对单因素评价矩阵赋权，$a_i, i = 1,2,\ldots,m$，模糊综合评价表示为：

$$(b_1,\ldots,b_n) = (a_1,\ldots,a_n) \circ \begin{bmatrix} r_{11} & r_{12} & \cdots & r_{1n} \\ r_{21} & r_{22} & \cdots & r_{2n} \\ \cdots & \cdots & \cdots & \cdots \\ r_{m1} & r_{m2} & \cdots & r_{mn} \end{bmatrix} \tag{1-48}$$

其中，$(b_1,\ldots,b_n)$ 表示模糊评价结果，它表明评价对象对评价标准元素 v_j 的隶属度。

（六）灰色系统法

1. 灰色系统的概念

在控制论中，颜色的深浅可以描述信息的清晰度，我们使用“黑色”表示信息未知，“白色”表示信息完全清晰，“灰色”表示部分信息清晰，部分信息不清楚。灰色系统理论以“部分信息已知，某些信息未知”的系统为研究对象，用颜色对研究对象命名，从中提取有价值的信息，正确描述并有效监视系统的运行行为。

2. 灰色关联分析

（1）基本思路。灰色关联分析是灰色系统的主要应用，经常用于评估系统。两个系统之间的关联程度的度量（随时间变化或因不同对象而异）称为关联度。在系统开发过程中，如果两个因素的同步变化的程度越高，则两者的相关程度也就越高。

（2）计算步骤：

①确定参考数列和比较数列；

②无量纲化处理；

③求出灰色关联系数ζ_{X_i}：

$$\zeta_{X_i} = \frac{\Delta\min + \rho\Delta(\max)}{\Delta X_i(k) + \rho\Delta(\max)} \tag{1-49}$$

④求关联度：

$$r_i = \frac{1}{n}\sum_{k=1}^{n}\zeta_{X_i}(k) \tag{1-50}$$

⑤关联度排序。因素间的关联程度用关联度的大小和次序描述。

第五节　空间计量理论

空间计量经济学基于对地理思想的吸收，并使用运筹学，计算机技术和统计知识来处理空间横截面数据和面板数据。它主要研究区域之间经济行为的空间相互作用。空间数据存在一定的空间联系和相关性，而经典计量经济学又基于样本独立假设，无法揭示空间数据的相关性，因此空间计量学应运而生。但是空间计量分析并未放弃所有经典的计量技术，而是对其进行了修改以使其适合于空间数据的体积分析。空间计量经济学主要用于空间效应的设定，模型的估计，检验和预测，并且广泛用于区域科学，地缘经济学，城市经济学和发展经济学。

一、空间计量模型

（一）空间自相关性分析

1. 空间效应

区域之间的经济地理行为通常具有一定程度的空间相互作用，即空间效应，包括空间依赖性和空间异质性。空间依赖性主要受空间地理要素的影响。空间变异性是一种介于可测量和不可测量状态之间的特殊形式。

（1）空间的依赖性。空间的依赖性，也叫空间的自相关性，是样本数据所在位置与其他位置之间的相互关联，呈现非随机的空间模式，用函数表示为：

$$y_i = f(y_j), j = 1, \dots, n, j \neq i \tag{1-51}$$

数据的相关性包括两个层面，即来自空间单位的相关性和空间维度中数据之间的相互作用。

空间的依赖性降低了计量经济学模型在空间维度上的相关性，因此我们需要在传统的模型上进行优化和调整，引入空间变量，同时相应地调整估计和检验方法。

（2）空间的变异性。空间的变异性是指空间中每个变量由于位置的不同而产生的差异，类似于数据的方差。不同于空间的依赖性，这种差异的随机性更强。在区域分析中，诸如中心外围效应之类的因素的存在会导致空间变异。空间变异性可以表示为模型：

$$y = X\beta_i + \varepsilon_i \tag{1-52}$$

其中，空间差异性主要表现在β_i上。

2. 空间自相关分析步骤

根据空间统计和空间计量经济学的原理，我们首先需要检验变量之间的空间自相关性，如果存在自相关性，则需要建立空间计量经济学模型进行测量估计。其中，检验空间自相关性的步骤为：

（1）构建空间权重矩阵；

（2）计算空间自相关程度；

（3）检验空间自相关。

（二）空间权重矩阵

1. 空间权重矩阵定义

与传统计量模型不同的是，空间计量模型纳入了空间结构，空间权重矩阵W描述了空间单元在空间中的组织形式。传统的OLS回归模型包含3个最基本的成分：因变量、自变量和干扰项。这三个部分的空间交互效应可以分别表示为：W_Y、W_X、W_ε。其中，W_Y表示邻近空间单元因变量对本空间单元因变量的影响，被称之为内生空间交互效应；W_X表示邻近空间单元的外生变量对本空间单元因变量的影响，被称之为外生空间交互效应；W_ε表示的是干扰项中的空间依赖性。

2. 空间权重矩阵的选择

（1）邻接权重矩阵。邻接权重矩阵包括一阶邻接权重矩阵和高阶邻接权重矩阵。

一阶邻接矩阵假定空间截面之间拥有共同边界时，空间交互作用就会产生，有共同的边界则赋值为1，否则为0。在设置一阶邻接矩阵时可以采用Rook邻接或者Queen邻接规则。Rook邻接仅把有共同边界的空间样本定义为邻接单元，而Queen邻接规则还会将拥有共同顶点的空间样本纳入其中，由此可见，基于Queen邻接的空间样本常常与周围单元具有更加紧密的关联效应。

而一些研究者认为，不仅是拥有共同边界或共同顶点的空间截面之间，而且在空间截面周围的一定范围内，空间效应都应该存在，则有：

$$W_{ij}(D)=\begin{cases}1,\text{当空间单元}i\text{和}j\text{的距离}d_{ij}\leqslant D\\0,\text{当空间单元}i\text{和}j\text{的距离}d_{ij}>D\end{cases} \tag{1-53}$$

邻接权重矩阵在模型构建中简单且易于处理，但是其缺陷也较明显。首先，它只是对空间截面之间交互程度的一个很有限的表达方式。其次，这种邻接矩阵对于许多拓扑转换并不敏感。

（2）反距离权重矩阵。反距离权重矩阵假定空间效应决定于距离，空间单元之间距离越近，则空间效应越强，可表示为：

$$W_{ij}=\begin{cases}d_{ij}^{-a}\beta_{ij}^{b},i\neq j\\0,i=j\end{cases} \tag{1-54}$$

其中，a和b分别为外生的距离摩擦系数和边界共享效应系数；d_{ij}代表空间截面和j之间的距离；β_{ij}为两者共享边界的长度占样本i总边界长度的比例。

若令$a=1$且$b=0$则有：

$$W_{ij}=\begin{cases}\dfrac{1}{d_{ij}},\text{当空间单元}i\text{和}j\text{拥有共同边界}\\0,\text{当空间单元}i\text{和}j\text{无共同边界或}i=j\end{cases} \tag{1-55}$$

相比于以经纬度来计算的地表距离，计算城市之间的交通距离更能反映客观的事实。与此同时，也可以采用距离倒数的二次项，即令$a=1$且$b=0$来设置权重，形式为：

$$\begin{cases}\dfrac{1}{d_{ij}^{2}},\text{当}i\neq j\\0,\text{当}i=j\end{cases} \tag{1-56}$$

值得注意的是，与反距离权重矩阵不同，上式并没有假定空间效应只在相互邻接的空间截面之间存在，而是认为当空间单元$i\neq j$时就存在空间效应。此外，采用空间单元距离的平方项和水平值来构造反距离权重矩阵，前者随着距离的增加，空间效应的衰减速度会加快。

（三）空间自相关度量参数

当计算和检验空间相关性时，空间统计学通常使用 Moran'I 统计量，类似于相关系数，Moran'I 可分为两类，即全域空间自相关和局域空间自相关。

1. 全域空间自相关 Moran'I 指数

全域空间自相关是从区域空间的整体上刻画区域经济活动的分布状况，度量指标为：

$$\text{Moran'I} = \frac{\sum_{i=1}^{n}\sum_{j=1}^{n} w_{ij}(Y_i - \bar{Y})(Y_j - \bar{Y})}{\frac{\sum_{i=1}^{n}(Y_i - \bar{Y})^2}{n}} \times \frac{1}{\sum_{i=1}^{n}\sum_{j=1}^{n} w_{ij}} \tag{1-57}$$

式中：$\bar{Y} = \frac{\sum_{i=1}^{n} Y_i}{n}$，$Y_i$ 是空间第 i 单元的属性值，$w_{ij}(i,j = 1,2,\dots,n)$ 是空间权重矩阵 W 的元素，空间权重矩阵可以基于以上所说的三种标准进行构建。

Moran'I 系数反映了空间单元的相关程度，取值区间为［-1，1］，且距离越近，相关性越强。

2. 局域空间自相关 Moran'I 指数

对于不同区域的空间关联程度，我们通常采用局域空间关联指标来分析局域特性，局域空间自相关指标需要满足两个条件：

（1）每个单元的空间关联局域指标描述了该区域周围单元空间集群程度；

（2）所有空间单元空间关联局域指标之和与其全域空间关联指标成比例。

局域空间自相关 Moran'I 指数可表示为：

$$\text{Moran'I} = \frac{(X_i - \bar{X})}{S^2}\sum_{i=1}^{n} W_{ij}(X_j - \bar{X}),\ (i = 1,2,\dots,n) \tag{1-58}$$

$$S^2 = \frac{1}{n}\sum_{i=1}^{n}(X_i - \bar{X})^2, \bar{X} = \frac{\sum X_i}{n}$$

3. LISA 值

若 Moran 散点图没有给出显著性水平的指标，因此需要计算 LISA，来进一步探究这些空间分析的结果。

LISA 可以揭示某一区域单元的属性值与其空间邻近区域单元属性值之间的相似性或相关性，识别空间集聚和空间孤立，探测空间异质等，LISA 包括局部

Moran'I 指数和局部 Geary 指数。

目前，尽管从理论上讲，可以通过空间计量经济学建模方法从理论上分析空间效应。一方面，考虑到计量经济处理的难度，并非所有模型都适合直接引入空间效应。另一方面，在局部模型中，原始设置形式已经反映了经济变量的空间结构，因此不需要特殊的建模处理。当前，主流的空间计量经济学模型包括空间横截面数据模型，空间面板数据模型和离散数据的空间计量经济学模型。

（四）空间横截面数据模型

在空间横截面数据模型中，空间的相关性有两种处理方法：一是在回归模型中引入空间滞后变量，形成空间滞后模型；二是在回归模型中加入回归误差项，构成空间误差模型。

1. 空间滞后模型（SLM）

空间滞后模型，也称为空间自回归模型，旨在研究各变量是否存在扩散现象，由于考虑了因变量的空间滞后项，模型可以很好地描述单元之间的空间交互作用，可表示为：

$$y = \rho W_y + Xb + \varepsilon \tag{1-59}$$

式中：y 为因变量；X 为外生解释变量矩阵；ρ 为空间自回归系数，W_y 为空间权重矩阵。

2. 空间误差模型（SEM）

如每个位置上的随机误差均可表示为其他位置上随机误差的函数，则可以利用空间误差模型来表示邻近地区的误差对本地区观察值的影响程度，这意味着自变量和因变量之间存在非线性关系。与空间滞后模型不同的是，空间误差模型是由两个公式组成的联立方程，包含了随机干扰项的空间滞后项。

空间误差模型的表达式如下：

$$\begin{cases} y = X\beta + \varepsilon \\ \varepsilon = \lambda W_s + \mu \end{cases} \tag{1-60}$$

式中，W_s 表示空间权重矩阵。

假定为标准正态分布的随机误差向量，且误差项 μ 满足 $E(\mu) = 0, Cov(\mu) = \sigma^2 I$，由上述公式可得：$\varepsilon = (I - \lambda W)X\beta + \mu$，进而有：

$$(I - \lambda W)y = (I - \lambda W)X\beta + \mu \tag{1-61}$$

即：$y = W_y + X\beta - \lambda WX\beta + \mu$

3. 自变量空间滞后模型（Spatial Lag of X Model，SLX）

当自变量存在空间交互效应时，需要在模型中考虑 *WX* 项，从而形成了自变量空间滞后模型，可表示为：

$$Y = X\beta + WX\theta + \varepsilon \tag{1-62}$$

4. 空间杜宾模型（Spatial Durbin Model，SDM）

由于自变量的空间交互效应普遍存在，我们在考虑因变量的空间交互效应时，也应该考虑自变量的空间交互作用。否则存在遗漏变量的风险。这种包含了外生解释变量空间滞后项的模型称为空间杜宾模型，可表示为：

$$Y = \rho WY + \alpha\iota n + X\beta + WX\theta + \varepsilon \tag{1-63}$$

（五）空间面板数据模型

在进行面板数据的分析时，相比于传统的计量经济模型，空间计量模型在以下三个方面有所改进：①引入固定效应，控制空间异质性；②将估计系数设为随机变量，将固定系数模型转化成随机系数模型；③引入空间滞后项和空间误差，得到空间计量的拓展模型。

1. 固定效应和随机效应的空间计量模型

固定效应模型把个体效应视为截距项，随机效应把个体效应视为误差项。

空间滞后的面板模型为：

$$Y = \rho WY + X\beta + \mu + \varepsilon \tag{1-64}$$

空间误差的面板模型为：

$$Y = X\beta + \mu + \varphi\varphi = \lambda W\varphi + \varepsilon \tag{1-65}$$

2. 固定系数的空间计量模型

协方差可以反映不同空间单元的相互作用，因此固定系数模型无需考虑空间误差，而包含空间滞后的固定系数模型，几乎等价于线性联立方程组，可表示为：

$$[Y_1 \quad Y_2 \quad \cdots \quad Y_N]\begin{bmatrix} 1 & -\delta_{12} & \cdots & -\delta_{N1} \\ -\delta_{12} & 1 & \cdots & -\delta_{N2} \\ \cdots & \cdots & \cdots & \cdots \\ -\delta_{1N} & -\delta_{2N} & \cdots & 1 \end{bmatrix} = \begin{bmatrix} X_1 & 0 & \cdots & 0 \\ 0 & X_2 & \cdots & 0 \\ \cdots & \cdots & \cdots & \cdots \\ 0 & 0 & \cdots & X_N \end{bmatrix}\begin{bmatrix} \beta_1 \\ \beta_2 \\ \cdots \\ \beta_N \end{bmatrix} + \begin{bmatrix} \varepsilon_1 \\ \varepsilon_2 \\ \cdots \\ \varepsilon_N \end{bmatrix} \tag{1-66}$$

3. 随机系数的空间计量模型

由于固定系数模型的参数较多，进行估计的时候会损失自由度，从而降低估计效率，将参数设为随机变量可以有效解决该问题，因此形成了随机系数模型，可以表示为

$$Y_i = X_i \beta_i + \varepsilon_i, \beta_i = \beta + v_i \tag{1-67}$$

由于参数是随机的，这体现了空间的异质性，因此无需对空间的相互作用再作假定，但是引入随机元素会导致模型很难进行识别和估计。

二、空间计量模型的估计与检验

（一）模型估计

对于空间滞后模型，如果因变量与误差项存在相关性，那么 OLS 估计是有偏的，不再适用于此模型的估计，为此我们需要寻找其他合适的估计方法，目前常用的方法主要有：最大似然估计、工具变量和矩估计与贝叶斯马尔可夫链蒙特卡洛估计等等。

1. 最大似然（LM）估计

LM 估计被广泛用于空间测量模型的判断，但是也存在一定的局限性。尽管 LM 统计量可以在某种程度上确定空间权重矩阵的适用性，但产生错误的可能性也很大，因为 LM 检验受多种因素影响，模型的选择不仅仅取决于检验的结果，还取决于实际情况和理论基础。因此，在选择模型时除了参考 LM 测试的结果，还需要与理论相结合。

2. 工具变量和矩估计（IV/GMM）估计

在计量经济学模型中，内生性是一大难题，IV/GMM 估计是解决这类问题的主要方法。与 ML 估计不同，IV/GMM 估计不需要假定误差项的分布，而且 IV/GMM 估计没有使用雅克比项，可以避免许多繁杂的计算。因此得到广泛应用，但是其难点在于工具变量的选择。

3. 贝叶斯马尔可夫链蒙特卡洛（MCMC）估计

当待估参数较多、样本时间序列有限时，ML、IV/GMM 估计会损失一定的自由度，从而产生较的大偏误。而 MCMC 估计可以很好地解决这个问题。贝叶斯估计假定参数是符合某种先验概率分布的随机变量，根据先验分布和历史数据等信息得到后验分布，然后进行统计推断，它不是直接从复杂的后验分布中

抽取样本，而是构造一个平稳分布作为后验分布的马尔科夫链。

（二）模型检验

1. 拉格朗日乘数检验（Lagrange Multiplier，LM）

空间滞后模型和空间误差模型的选择准则主要依靠拉格朗日乘数检验。Burridge 和 Anselin 分别在 1980 年和 1988 年提出 LM_Error 检验和 LM_Lag 检验；之后 Bera 和 Yoon 分别对两种检验进行了改进，提出了稳健的 LM_Error 检验和稳健的 LM_Lag 检验。

以上 4 种检验的判断准则为：基于普通面板模型 OLS 估计的残差计算 LM_Error 和 LM_Lag 统计量值，若两统计量均不显著，就利用普通面板模型进行研究；如果 LM – Error 显著且 LM – Lag 不显著，则选择空间误差模型；如果 LM – Lag 显著但是 LM – Error 不显著，则选择空间滞后模型；如果两者都显著，则需要进行稳健的 LM 检验，若 Robust LM – Error 显著，则选择空间误差模型；若 Robust LM – Lag 显著，则选择空间滞后模型。

2. 似然比检验（likelihood ratio，LR）

似然比检验是反映真实性的一个指标，为有约束条件下的似然函数最大值与无约束条件下似然函数最大值之比，当在空间模型中使用时，它主要用于判断 SDM 模型是否可以退化为 SLM 或 SEM 模型，其原假设有两个：

$H_0: \theta = 0$ 和 $H_0: \theta + \delta\beta = 0$

如若检验均拒绝了两个原假设，则表明 SDM 模型能很好地拟合数据，即 SDM 模型不能退化为 SLM 或 SEM 模型；若拒绝了第一个原假设且 Robust LM_lag 值显著，则说明 SDM 能够简化为 SLM 模型；同理，若拒绝了第二个原假设且 Robust LM_error 值显著，则表明 SDM 能够简化为 SEM 模型。

第二章　中国服务业发展指数的设计框架

随着供给侧结构性改革的深入推进，服务业占国民经济的比重越来越高，已经成为中国经济增长的新引擎，服务业发展水平已经成为衡量一个国家经济现代化程度与国民经济发展的重要标志。近些年来，尽管众多学者以不同的视角对服务业的发展做出了大量研究，但涉及到服务业指标构建上的研究文献却很少。当前研究对于服务业指标的构建太过单一，主要以服务业生产总值，就业的规模以及两者比重为代表。然而，中国的区域服务业发展良莠不齐，区域间发展差距比较大。此时，简单度量服务业的发展已经不能够满足中国经济发展的要求，我们需要做的是重点发展现代化的新型服务业。中国当前呈现出工业化、城镇化和现代新型服务业并肩前进的姿态。其中，服务业属于绿色产业和低碳产业的代表，它引导着中国产业发展的方向。因此，使用单一指标来衡量服务业的发展状况是不全面的。此时，完善服务业指标体系的构建以及统计方法成为了当下统计部门的重点工作。基于此，本书立足于中国国情，编制了一个包含发展基础、经济贡献、增长潜力三个维度的指标体系，并在这三个维度下选取 16 个相关指标，通过熵权法确定相关权重，以此得出中国各区域服务业发展指数得分。

第一节　服务业发展指标体系的构建

一、构建原则

服务业发展指数统计指标体系构建要遵循全面性、代表性、适用性三个原则：

一是全面性原则。指标选取力求系统、全面，并能反映服务业未来发展情况，体现前瞻性。现代服务业是多个部门综合运营的整体，服务业内部各部门也存在较大差异，因此，指标选取的过程中，必须要遵循完备全面的原则，用少量指标准确反映各部门情况。对于每个指标的选取，要能够从多角度综合衡量服务业发展水平。

评价指标体系具有其复杂性、多维性和多元性等特点。在设计指标体系时，要考虑到各部门之间的相互关系。每一个指标的选取都要按照层层深入的步骤，使得指标体系层次有序、布局分明、结构清楚。同时，指标体系要双向比较。横向能够从不同区域不同空间的角度进行比较。纵向能够对某一地区的时间序列发展数据进行比较。

二是代表性原则。所选取指标要具有代表性。指标体系要能够从服务业发展的核心与本质出发，一阵见血地指出现代服务业的内涵。每个指标的选取要建立在定性与定量结合的基础上，前期尽可能录入多个影响指标，通过反复筛选剔除不相干因素，最后的指标体系应能够真实准确的反映服务业的产业现状，揭示中国服务业发展进程中存在的区域差异情况，解释各地区优势与劣势形成原因，对我们现代服务业发展提供思路。

三是适用性原则。既要反映服务业发展的情况，也要考虑指标的准确性、可获得性和可操作性，同时还要兼顾纵向观察服务业发展变化的需求。

现代服务业发展水平指标体系的构建，最终是为了能够运用于我们的实际国情。指标选取的过程中不仅要考虑数据的可获得性，还要兼顾准确性和可量化性。并且公式的计算也要简单明确、通俗易懂，尽量做到少而精。

二、指标体系

对于现代服务业的发展水平评价，涉及磅礴复杂的经济学原理，服务业的发展也是多部门共同作用的结果，只有多角度、有深度的指标体系，才能应用于实践，对于中国现代服务业发展做出指导。

基于中国国情，按照从内及外、层层递进的原则，主要从三个方面度量服务业综合发展水平：发展基础、经济贡献、增长潜力。

发展基础：从总体上来看现代服务业的发展基础，可用看出我们经济环境以及服务业发展所处的阶段。将各部门情况结合一起分析，并由此对整体服务业综合水平进行评价。

经济贡献：主要通过四个方面进行度量，包括经济总量水平、经济增量、人均贡献以及服务业在 GDP 中所占比重。总量水平和增量反映了整体运行情况，服务业占总体经济比重则是经济结构的角度。我们研究服务业在 GDP 中所占比重，可用更直观的了解服务业对经济水平的贡献。

增长潜力：从我们当前的经济大环境来看，增长潜力对于现代服务业水平的增长起到了很大作用。考察服务业发展水平，不能局限于当前情况，还要从可持续发展的角度出发，研究服务业未来的增长潜力。

指标体系包括发展基础、经济贡献、增长潜力三个维度，共 16 个指标，如表 2－1 所示。

表 2－1　　　　服务业发展指数指标体系

类别	序号	指标
发展基础	1	服务业增加值
	2	服务业固定资产投资总额
	3	交通运输货运总量
	4	常住人口
	5	服务业劳动生产率
经济贡献	6	服务业增加值占 GDP 比重
	7	服务业经济贡献率
	8	服务业投资贡献率
	9	服务业就业贡献率
	10	研发支出占 GDP 比重
增长潜力	11	地区生产总值
	12	规模以上工业增加值增速
	13	城镇居民人均可支配收入
	14	社会消费品零售总额
	15	金融机构本外币存款余额
	16	城镇化率

三、指标解释

维度一：发展基础

（1）服务业增加值。服务业增加值反映了服务业企业或部门在一定时期内生产经营活动的最终成果，是服务业发展水平最核心指标之一。

（2）服务业固定资产投资额。服务业固定资产投资额是以货币表现的建造和购置服务业相关固定资产活动的工作量，它综合反映了服务业在总量、增速、结构方面的情况。

（3）交通运输货运总量。交通运输货运总量可用反映交通运输水平，交通运输在国民经济中扮演者不可或缺的角色。交通货运数量的大小在一定程度上反映了总体经济水平。

（4）常住人口。实际经常居住在某地区一定时间（半年以上，含半年）的人口。根据中国第三次人口普查的规定，常住人口除了指已登记人口，还包括普查期间长居此地的人口。

（5）服务业劳动生产率。根据经济增长理论，产出增长主要受两个方面影响，包括要素与生产率。在资源受限情况下，产出增长会受制于资源不足，因此生产率的提高是后期提高生产的主要方面。地区的劳动生产率越高，该地区生产科技与生产水准越高。服务业劳动生产率的计算表达式为：

$$服务业劳动生产率 = \frac{服务业增加值}{服务业就业人员年平均人数} \times 100\%$$

维度二：经济贡献

（6）服务业增加值占地区生产总值比重。我们选用服务业增加值占地区生产总值的比重来衡量服务业在宏观经济中的地位，从三次产业结构角度来反映地区经济发展对服务业的依赖程度，其计算表达式为：

$$服务业增加值占地区生产总值比重 = \frac{服务业增加值}{地区生产总值} \times 100\%$$

（7）服务业经济贡献率。服务业贡献率更多的是用于衡量在每增加的一个单位的地区生产总值中来自服务业的贡献有多大，是反映服务业对经济增长拉动力度的一个指标，其计算表达式为：

$$服务业经济贡献率 = \frac{服务业增加值增量}{地区生产总值增量} \times 100\%$$

（8）服务业投资贡献率。该指标将服务业固定资产投资于全社会固定资产投资相比，从发展潜力角度表示服务业发展水平。其计算表达式为：

$$服务业投资贡献率 = \frac{服务业固定资产投资额增量}{全社会固定资产投资额增量} \times 100\%$$

（9）服务业就业贡献率。和经济贡献率类似，服务业就业贡献率是衡量每增加一个就业人员中服务业的贡献力度有多大，反映了服务业对就业的促进作用，其计算表达式为：

$$服务业就业贡献率=\frac{服务业就业人员增量}{全社会总就业人员增量}\times 100\%$$

（10）研发支出占地区生产总值比重。该指标用研究与试验发展经费支出合计与地区生产总值作比较。计算表达式为：

$$研发支出占地区生产总值比重=\frac{研究与试验发展经费支出合计}{地区生产总值}\times 100\%$$

维度三：增长潜力

（11）地区生产总值。地区生产总值是描述某一地区或国家经济发展水平的最常用的数量化指标，来衡量各地区的经济发展状况。一般地，地区经济越发达，则与之相适应的服务业的发展水平越高。

（12）规模以上工业增加值增速。规模以上工业企业是年主营收入大于2000万元的工业企业或者国有工业企业。该指标能够用来衡量区域规模以上工业增加值的增长速度，反映了国有工业企业或中大型工业企业（主营收入大于2000万元）的发展状况。其计算表达式为：

$$规模以上工业增加值增速=\frac{本期规模以上工业增加值-上期规模以上工业增加值}{上期规模以上工业增加值}\times 100\%$$

（13）城镇居民人均可支配收入。正如前文所提及的，服务业的产生是人类需求发展到一定阶段的产物，因此选用人均可支配收入指标来衡量居民的需求层次以及对服务项目的购买能力，其计算表达式为：

$$城镇居民人均可支配收入=\frac{城镇居民可支配收入}{城镇人口}$$

（14）社会消费品零售总额。社会消费品零售总额指企业经营活动获得的现金或实物交换。

（15）金融机构本外币存款余额。金融机构本外币存款余额是指期末本外币存款的数额，反映了该金融机构本外币存款的规模，实际上也反映了该金融机构的规模和实力，显示出一个城市对资金的吸附能力及城市的综合实力和发展潜力。

（16）城镇化率。这一指标用于衡量地区的城镇化水平，一般的，城镇化率高的地区更有利于服务业的发展。随着中国城镇化进程的加快，各地区的城镇化率都有了一定幅度的提高。这里，按照国家统计局的规定定义城镇化率的计算表达式为：

$$\text{城镇化率} = \frac{\text{城镇常住人口}}{\text{地区常住人口}} \times 100\%$$

四、指标体系评价

相比现有文献，本书设计的服务业发展评价指标体系可能有如下贡献：

（一）评价指标体系更加全面

第一，考虑了常住人口、城镇化进程等服务业发展环境指标。

第二，将研发支出纳入到指标体系中，考察了创新驱动对服务业发展的影响。

（二）客观系统地反映了区域服务业发展状况

基于发展基础、经济贡献、增长潜力三个方面设计服务业发展评价指标体系，从经济实力、经济结构、可持续发展角度系统客观地评价各地区服务发展状况。

第二节 服务业发展指数的测算方法

一、数据收集

本书研究数据主要来源于《中国统计年鉴》《中国第三产业统计年鉴》《中国劳动统计年鉴》《中国城市统计年鉴》，全国各省、市、自治区统计年鉴、统计公报，以及 EPS 中国宏观经济数据库、中经网等权威数据库。

二、数据处理

由于评价服务业发展水平的指标非常多，而指标之间的单位和数量级有很大差异，故难以直接进行比较和计算，因此还需要对各指标进行无量纲化处理，无量纲化处理也是综合评价步骤中的一个环节。

在指标体系中，数据来源的不同，通常其量纲单位也不尽相同。为保证结果的合理性、可靠性，对于获得的数据进行标准化处理。具体操作处理方法如下：

$$正向指标：X'_{ij} = \frac{X_{ij} - \min\{X_j\}}{\max\{X_j\} - \min\{X_j\}} \tag{2-1}$$

$$负向指标：X'_{ij} = \frac{\max\{X_j\} - X_{ij}}{\max\{X_j\} - \min\{X_j\}} \tag{2-2}$$

特别说明的是，为了依据一个共同的标准来同时衡量省际、大中城市、市州这三个不同级别区域的服务业水平，实现“一把尺子量到底”，理论上应该把省际、大中城市、市州的数据全部放在一起进行标准化处理。但由于不同级别区域间指标数值的巨大差异，这种处理方式将导致标准化的数据严重失真，并导致结果与现实的重大背离。经过多次尝试，在符合客观现实的前提，根据各市州的实际发展情况，将服务业发展指数的编制分为3类：31个省、市、自治区、15个副省级城市、70个大中城市以及湖北省17个市州分别进行数据的处理，这样更加科学和说服力。

三、确定权重

（一）三个维度的权重计算

层次分析法（AHP）是一种较为常见的决策分析方法，它能够从定性与定量相结合的角度出发，将复杂对象分成层次合理的整体，通过各项目的比较确定权重，进行分析。AHP作为一种高效的决策工具，具有多种优点特点：

通俗易懂。用AHP决策，信息的输入与认知过程主要在于分析者的判断。因此其步骤简单且结果清晰明了，使得决策者能够很快做出反映。大多数情况下，决策者可直接使用结果，使得决策过程高效、有序。

灵活实用。AHP可用于进行定性与定量分析。在人的经验判断的基础上，将定性与定量方法结合，使得决策过程更为灵活。

系统性。决策主要分为三种情况。一种情况通过因果推断，主要依靠决策者的经验与判断思维。对于决策者认为的不确定因素，则产生概率方式，决策过程成为随机过程。还有一种方式，是决策者基于已了解的相互关系进行决策，能够有效处理复杂问题。

其基本原理是：将各要素按层次分层，每一层标准各自确定，进行两两判断确定权重，根据综合权重按最大权重原则确定最优方案。

这里可引用1－9标度对重要性判断结果进行量化，标度如表2－2所示。

表2－2　　相对重要性标度

标度	定义
1	i因素与j因素相同重要
3	i因素与j因素略重要
5	i因素与j因素较重要
7	i因素与j因素非常重要
9	i因素与j因素绝对重要
2、4、6、8	为以上两判断之间的中间状态对应的标度值
倒数	若i因素与j因素比较，得到判断值为 $a_{ij}=1/a_{ji}$，$a_{ii}=1$

注：表中i和j因素是指三个维度对服务业综合水平的影响。

判断矩阵的最大特征值和特征向量采用几何平均近似法（方根法）计算。其计算步骤为：

计算矩阵各行各元素乘积

$$m_i = \prod_{j=1}^{n} a_{ij} \quad j = 1,2,\ldots,n \tag{2-3}$$

计算n次方根

$$\overline{w_i} = \sqrt[n]{m_i} \tag{2-4}$$

对向量 $\bar{w} = (\overline{w_1},\overline{w_2},\ldots,\overline{w_n})^T$ 进行规范化

$$\hat{w}_i = \frac{\overline{w_i}}{\sum_{j=1}^{n} \overline{w_j}} \quad j = 1,2,\ldots,n \tag{2-5}$$

得到 $\hat{w} = (\hat{w}_1,\hat{w}_2,\ldots,\hat{w}_n)^T$，为所求特征向量近似值，即各因素权重。

计算判断矩阵一致性指标，并检验其一致性。为检验矩阵的一致性，定义

$$CI = \frac{\lambda_{\max} - n}{n - 1} \tag{2-6}$$

当完全一致时，$CI=0$。CI愈大，矩阵的一致性愈差。具体到本报告判断矩

阵的话，维度1—3的判断矩阵见表2－3。

表2－3　　各个维度的判断矩阵

	发展基础	经济贡献	增长潜力
发展基础	1		
经济贡献		1	
增长潜力			1

根据构造的判断矩阵，采用层次分析的计算步骤对本报告的三个维度的权重进行计算得到各个维度的权重值 $w_k(k=1,2,3)$ 且 $\sum_{i=1}^{k} w_k = 1$。采用层次分析法能用统计方法相对客观地表明各个维度的重要程度，相比之前主观的专家评分法更具有说服力。本书采用层次分析法，确定了发展基础、经济贡献、增长潜力三个维度的权重分别是40%、30%、30%。

（二）各维度指标权重的计算

采用熵权法计算指标层的各个指标的权重。熵权的核心是判断每个变量的变异程度。变异程度越高，指标的权重越大。

具体的方法如下：

1. 计算第 i 年份第 j 项指标值的比重：计算同一年份 i，对某个维度的指标 j，某地区数据占所有地区数据之和的比例。

$$Y_{ij} = \frac{X'_{ij}}{\sum_{i=1}^{m} X'_{ij}} \tag{2-7}$$

2. 计算指标信息熵：

$$e_j = -k\sum_{i=1}^{m}(Y_{ij} \times \ln Y_{ij}) \tag{2-8}$$

3. 计算信息熵冗余度：

$$d_j = 1 - e_j \tag{2-9}$$

4. 计算指标权重：

用指标 j 的信息熵冗余度比上所有指标的信息熵冗余度，得到在所有指标中，指标 j 所占的权重。

$$W_j = d_j / \sum_{j=1}^{n} d_j (j = 1,2,\dots,n) \tag{2-10}$$

上述熵权法的步骤是为了确定评价体系中各个维度的指标的权重。对每个维度重复以上的计算方法，得到第 k 个维度中 j 个指标的各个权重 $W_{j,k}(j = 1,2,3,\ldots,n;k = 1,2,3)$。

对于发展基础、经济贡献、增长潜力三个维度权重的确定，本书认为发展基础相对于经济贡献和增长潜力来说对服务业发展水平的影响更大，因此将发展基础的权重设为40%，而经济贡献和增长潜力的权重均设为30%。对于各个维度的指标层的权重的计算，采用熵权法计算指标层的各个指标的权重，从信息提供的角度来看，假定每一个自变量都能为因变量提供可供解释的信息，那么信息量在总体中所占的分量大小就是这个变量的权重。本书将广泛运用熵权法测算服务业发展指数，通过发展基础、经济贡献、增长潜力三个维度对城市间服务业发展水平进行评价，运用熵权法计算各个年份各个维度的单项指标的权重，并由此计算出各区域服务业发展指数最终得分，通过得到的各省份服务业发展指数来分析中国服务业发展指数的地区差异性和相关性，并且进一步引入空间模型对中国各区域的服务业发展指数进行空间收敛性和溢出效应分析，最终得出相关结论。

四、指数计算

对于服务业发展指数的计算，本书在权重方法已经确定的基础上，采用“分—总”的计算方法进行计算。具体就是先分别计算各个年份 3 个维度的指数（即发展基础、经济贡献、增长潜力），然后根据三个维度对于服务业贡献程度确定的权重算出一个服务业发展综合指数。

（一）服务业 3 个维度的指数计算

根据熵权法中计算的某个年份某个维度的单项指标的权重，报告中 $W_{j,k}(j = 1,2,3,\ldots,n;k = 1,2,3)$ 表示第 k 个维度中 j 个指标各个权重，n 表示 k 个维度的指标 j 的取值；对标准化后的数据进行加权平均，则得出各城市的各个维度得分。

$$S_{i,k} = \sum_{j=1}^{n} W_{ij,k} \times X'_{ij,k} \quad (k = 1,2,3) \qquad (2-11)$$

用各维度调整后的指标权重乘以对应指标的标准化得分，不同的年份重复以上的计算步骤，得到各维度的初始得分 $S_{i,k}$，即 $k(k=1，2，3)$ 个维度第 i 年的指数的得分，n 表示各个维度的指标的数目。

（二）服务业综合指数的计算

根据指标体系中各指标的权重，分别乘以各省际（大中城市、地市州）对应指标的标准化得分，则得到各省际（大中城市、地市州）的服务业综合得分，用公式表示为：

$$F_i = \sum_{k=1}^{3} w_k S_{i,k} \tag{2-12}$$

其中，F_i 表示 i 年（31 个省份；15 个副省级城市；70 个大中城市；17 个地市州）的服务业综合得分，$S_{i,k}$ 表示第 $k(k=1, 2, 3)$ 个维度第 i 年的指数的得分，w_k 表示层次分析法计算的各个维度 $k(k=1, 2, 3)$ 的权重。

第三章　中国服务业发展指数测算分析

基于第二章构建的服务业发展指数及测算方法，本章分别对全国31个省级行政区、全国15个副省级城市、全国百强城市、全国70个大中城市及湖北省服务业发展指数进行测算分析。

第一节　中国省域服务业发展指数测算分析

党的十八大提出“加快传统产业转型升级，推动服务业特别是现代服务业发展壮大”，为现代服务业的发展指明了方向，注入了强大动力。2013年5月29日，李克强总理在第二届京交会暨全球服务论坛北京峰会上作了《把服务业打造成经济社会可持续发展的新引擎》的主题演讲，明确指出大力发展服务业对于中国推动经济结构战略性调整、深化改革开放、扩大国际合作，都具有重要意义。服务业不仅日益成为促进世界经济复苏、引领转型发展的新引擎、新方向，也是中国经济长期持续健康发展与优化升级的新动力。本书建立服务业发展指数统计模型，从发展基础、经济贡献、增长潜力三个维度，对全国31个省级行政区①服务业发展指数进行测算。测算结果报告如下：

一、省域服务业发展指数总体情况

根据服务业发展指数模型测算结果，2016年中国31个省级行政区（除港澳台外，下同）服务业发展情况见表3－1。呈现如下特点：

① 全国31个省级行政区不包括港澳台地区。基于数据收集的可获得性，本报告暂不对西藏自治区服务业发展指数进行测算。

一是总体水平稳步上升。2016 年全国服务业发展指数平均值 103.980 分，比 2015 年（101.405 分）上升了 2.575，比 2011 年（87.663 分）上升了 16.317 分。最高分由 2015 年的 132.144 分（广东）上升到 2016 年的 137.659 分（北京），上升了 5.515 分；最低分由 2015 年的 84.804 分（甘肃）上升到 89.245 分（青海），上升了 4.441 分。

二是经济贡献不断提高。服务业占国民经济比重不断提高，对经济增长贡献日益增强。2011—2016 年，服务业经济贡献维度平均得分 85.591、89.546、94.521、96.165、104.477、104.756，得分逐年上升。2016 年经济贡献维度得分 104.756 比 2015 年的 104.477 上升了 0.279 分，比 2011 年的 85.591 上升了 19.165 分。

三是区域结构呈现"东高西低"。2016 年东部地区服务业发展指数平均值 120.093 分，西部地区 94.778 分，中部地区 98.546 分，东部地区平均得分明显高于中西部地区。排名前 10 的省市中有 8 个来自东部地区，分别是北京、广东、上海、江苏、天津、浙江、山东、福建；排名后 5 的省份多集中在西部地区，这基本与各地经济发展水平相吻合，反映出服务业向东部沿海地区集聚发展的态势。

四是中部地区位次前移。随着"中部崛起"战略的实施，中部地区服务业发展迎来新机遇。2016 年中部地区服务业发展指数平均得分 98.546，比上年的 96.891 提升 1.655 分。中部地区湖北、河南、湖南、安徽、山西、江西六省服务业发展指数分别为 105.545、101.313、100.184、97.004、93.668、93.566 分，排名为第 9、12、13、17、19、23 位，与上年比较，湖北、安徽、山西与上年持平，河南、湖南、江西位次前移 1 位。

五是长江经济带势头强劲。长江经济带已正式上升为国家战略，在此"重大利好"下，长江经济带服务业快速发展，高端业态集聚水平显著增强。2016 年，长江经济带 11 个省市服务业发展指数得分 106.606 分，高于全国平均水平。11 个省市中有 5 个省市进入服务业发展指数 10 强，四川位列第 11 位，与 10 强仅有一步之距。与 2011 年位次相比，重庆上升 7 位，湖北上升 4 位，四川、江西、云南上升 3 位，湖南上升 2 位，安徽上升 1 位，显示出长江经济带沿线省市服务业发展势头强劲。

六是 10 强省市贡献突出。2016 年排名前 10 的省市分别为北京、广东、上海、江苏、天津、浙江、山东、福建、湖北、重庆，与上年完全相同。2011—2016 年，服务业发展指数 10 强省市基本稳定，8 个省市连续六年进入 10 强；湖北、重庆从 2015 年开始进入 10 强，湖北 2016 年排名位居第 9 位，与上年持平；

表 3－1　　2016 年 31 个省级行政区服务业发展指数排名

地区	发展基础		经济贡献		增长潜力		服务业发展指数	
	得分	排名	得分	排名	得分	排名	得分	排名
北京	138.957	1	136.636	3	136.953	2	137.659	1
广东省	133.930	3	137.411	2	140.400	1	136.915	2
上海市	133.313	4	140.400	1	130.982	3	134.740	3
江苏省	127.644	5	125.788	4	130.972	4	128.086	4
天津市	136.400	2	123.952	5	106.398	7	123.655	5
浙江省	123.764	6	119.415	6	125.955	6	123.117	6
山东省	112.077	7	115.722	7	126.594	5	117.525	7
福建省	110.127	8	105.196	9	106.023	8	107.417	8
湖北省	101.656	10	112.008	8	104.266	10	105.545	9
重庆市	102.816	9	105.004	10	99.824	14	102.575	10
四川省	98.596	12	101.006	14	105.826	9	101.488	11
河南省	101.494	11	99.256	16	103.126	11	101.313	12
湖南省	98.042	14	101.790	13	101.435	13	100.184	13
辽宁省	96.075	19	96.856	19	103.078	12	98.410	14
河北省	98.060	13	96.687	20	99.722	15	98.146	15
陕西省	97.284	15	98.860	17	98.284	16	98.057	16
安徽省	96.446	18	97.778	18	96.974	19	97.004	17
内蒙古自治区	91.452	27	95.179	22	98.269	17	94.615	18
山西省	90.124	29	102.523	12	89.537	26	93.668	19
云南省	95.460	20	94.951	23	89.962	25	93.658	20
海南省	95.403	21	100.743	15	84.240	30	93.656	21
广西壮族自治区	96.772	17	92.099	26	91.054	24	93.655	22
江西省	97.092	16	90.101	28	92.328	22	95.566	23
黑龙江省	93.707	24	95.796	21	91.095	23	93.550	24
新疆维吾尔自治区	94.034	23	92.240	25	93.960	21	93.474	25
贵州省	90.958	28	89.963	29	97.776	18	92.705	26
吉林省	91.844	26	90.576	27	95.856	20	92.651	27
宁夏回族自治区	94.930	22	94.759	24	87.505	27	90.438	28
甘肃省	84.240	30	103.148	11	85.993	29	90.438	29

续表

地区	发展基础		经济贡献		增长潜力		服务业发展指数	
	得分	排名	得分	排名	得分	排名	得分	排名
青海省	92. 882	25	86. 847	30	86. 796	28	89. 245	30
平均值	99. 221		104. 756		98. 808		103. 980	
中位数	97. 188		100. 000		99. 003		98. 102	
最高分	138. 957		140. 400		140. 400		137. 659	
最低分	84. 340		86. 847		84. 240		89. 245	

重庆2015、2016 年均为第10 位。10 强省市不仅位置稳定，而且贡献突出。2016 年10 强省市服务业发展指数平均值121. 724 分，比总体平均值的101. 405 分高20. 319 分，对全国服务业发展贡献巨大。

二、服务业发展指数分省市情况

北京市

2016 年服务业发展指数得分为137. 659，高于全国平均水平；位居全国首位，比上年提升 1 位。发展基础、经济贡献、增长潜力分别为 138. 957、136. 636、136. 953 分，对应排名依次为第1、第3 和第2 位。作为首都，北京市在政治文化、科技资源、资本人才等要素集聚方面存在明显优势，服务业发展基础连续6 年位列第1 位；经济贡献在“十二五”期间均在4 至5 位，2016 年上升至第3 位；增长潜力从2014 年开始就稳居第2 位，显示出强劲的发展势头。

广东省

2016 年服务业发展指数得分为136. 915，高于全国平均水平；位居第2 位，仅次于北京，比上年下降1 位。发展基础得分133. 930，排名第3 位；经济贡献得分137. 411，排名第2 位；增长潜力得分140. 400，排名第1 位。广东作为经济第一大省尽管经济总量领先，但人均 GDP 并不处于绝对优势，服务业发展基础在“十二五”期间均位于第4 位，2016 年提升1 位；经济贡献在“十二五”期间均位于第2 位，2016 年下降1 位；增长潜力2013—2015 年均位于第3 位，2016 年上升至第1 位，说明广东高端服务业发展较好，服务业发展潜力逐步上升。

上海市

2016 年服务业发展指数得分为134. 740 ，高于全国平均水平；位居全国第3

位，比上年提升1位。上海服务业增加值占生产总值的比重超过70%，达到发达国家水平，经济贡献得分140.400，位居全国第一；发展基础、增长潜力则分别以133.313、130.982得分居于第4位和第3位。上海服务业发展基础从2011年的第2位下降至2016年的第4位；增长潜力从2011年的第2位下降至2016年的第3位，上海应在稳步提升服务业比重的同时，进一步夯实服务业发展基础，培育更多新兴服务业增长点，提升服务业发展潜力。

江苏省

2016年服务业发展指数得分为128.086，高于全国平均水平；位居全国第4位，比上年下降1位。发展基础、经济贡献、增长潜力分别为127.644、125.788、130.972分，排名依次为第5位、第4位和第4位。江苏服务业发展基础从2011年的第3位下降至2016年的第5位，经济贡献从2011年的第3位下降至2016年的第4位，增长潜力从2011年的第3位下降至2016年的第4位。江苏应进一步加快经济转型升级，提高服务业在国民经济中的比重，以促进全省服务业发展提质增效升级。

天津市

2016年服务业发展指数得分为123.665，高于全国平均水平；位居全国第5位，比上年提升两位；发展基础、经济贡献、增长潜力分别为136.400、123.951、106.398分，排名依次为第2位、第5位和第7位。2016年，天津人均GDP高居榜首，因此发展基础从2011年的第6位上升至2016年的第2位；经济贡献由2011年的第8位上升至2016年第5位；增长潜力从2011年的第6位下降至2016年第7位，说明天津在做大服务业总量蛋糕的同时，要关注服务业的成长能力，培育出更多新的经济增长点。

浙江省

2016年服务业发展指数得分为123.117，高于全国平均水平；位居全国第6位，比上年下降1位；发展基础、经济贡献、增长潜力分别为123.764、119.415、125.955分，均排名第6位。“十二五”期间，浙江省服务业发展指数均排名第5位，2016年下降1位，经济贡献和增长潜力均比2011年有所下降，说明浙江应进一步加快经济转型升级步伐，提高服务业在国民经济的比重，增强服务业发展后劲。

山东省

2016年服务业发展指数得分为117.525，高于全国平均水平；位居全国第7

位，比上年下降1位；发展基础、经济贡献、增长潜力分别为112.077、115.722、126.594分，对应排名依次为第7位、第7位和第5位。“十二五”期间，山东发展基础、经济贡献分别位于第5位和第6位，2016年均下降1位；增长潜力从2011的第7位上升至2016年的第5位，说明服务业成长能力显著提高，还需进一步优化经济发展环境，夯实服务业发展基础，提高服务业在国民经济中的比重。

福建省

2016年服务业发展指数得分为107.417，高于全国平均水平；位居全国第8位，位次与上年持平；发展基础、经济贡献、增长潜力分别以110.127、105.196、106.023分位居全国第8位、第9位和第8位。福建服务业发展指数排名呈明显的上升之势，从2011年的第10位上升至2016年的第8位，发展基础从2011年的第9位上升至2016年的第8位，增长潜力位次从10名以外连续两年跃居第8位，位次不断前移，说明福建服务业发展势头强劲，应进一步关注服务业内涵发展，在“你追我赶，不进则退”的当前形势下，继续保持强劲发展势头。

湖北省

2016年服务业发展指数得分为105.545，高于全国平均水平；位居全国第9位，位次与上年持平；发展基础、经济贡献、增长潜力分别为101.656、112.008、104.266分，对应排名依次为第10位、第8位和第10位，总分及各维度得分全部进入前10。湖北省发展基础从2011年第12位上升至2016年第10位，经济贡献从2011年第15位上升至2016年第8位，增长潜力从2011年第16位上升至2016年第10位，说明湖北服务业发展取得较为全面的进步，但从具体得分情况看，与北京、广东、上海三强还有较大差距，应进一步发挥国家“中部崛起”和“长江经济带”战略实施优势，在巩固现有发展成果基础上，进一步做大服务业总量蛋糕，提升服务业发展质量。

重庆市

2016年服务业发展指数得分为102.575，位居全国第10位，位次与上年持平。发展基础、经济贡献分别以102.816、105.004分位居全国第9位和第10位，而增长潜力以99.824位于第14位。重庆作为中国六大老工业基地之一，近年来在推动产业优化升级方面取得了突出成绩，服务业发展指数从2011年第17位跃居2016年的第10位，连续两年进入10强；发展基础、经济贡献排名比2011年分别提升了8位和3位。2011—2016年重庆的增长潜力从未进入10强，说明重庆还需更加关注服务业的成长能力，采取切实措施，增强服务业发展后劲。

四川省

2016 年服务业发展指数得分为 101.488，位居全国第 11 位，比上年提升 1 位。发展基础、经济贡献、增长潜力分别为 98.596、101.006、105.826 分，位于第 12 位、第 14 位和第 9 位。与 2011 年比，四川发展基础、增长潜力分别上升了 2 位和 4 位，但经济贡献却比 2011 年下降了两位，说明四川服务业发展基础和成长能力有较大提升，应进一步加快经济转型步伐，提高服务业在国民经济中的比重。

河南省

2016 年服务业发展指数得分为 101.313，位居全国第 12 位，比上年提升 1 位。发展基础、增长潜力分别为 101.494、103.126 分，均排名第 11 位，经济贡献以 99.256 分排名第 16 位。与 2011 年比，河南发展基础上升了 4 位，经济贡献下降了 5 位，增长潜力下降 1 位，说明河南服务业发展基础较好，还需进一步提高服务业质量和效益，切实加强服务业对经济增长的作用和贡献。

湖南省

2016 年服务业发展指数得分为 100.184，位居全国第 13 位，比上年提升 1 位；发展基础、经济贡献、增长潜力分别为 98.042、101.790、101.435 分，依次排名为第 14 位、第 13 位和第 13 位。“十二五”期间，湖南发展基础均排名第 13 位，2016 年下降 1 位；经济贡献比 2011 年上升 5 位，增长潜力下降 1 位，说明湖南服务业对经济增长的贡献大，应在继续巩固发展基础的同时，挖掘服务业新的经济增长点。

辽宁省

2016 年服务业发展指数得分为 98.410，位居全国第 14 位，比上年下降 3 位；发展基础、经济贡献、增长潜力分别为 96.075，96.856、103.078 分，发展基础、经济贡献位次与上年相比均有较大下降。2016 年，辽宁地区生产总值同比负增长 2.5%，是全国唯一一个负增速省份，因此服务业指数得分及排位也出现了同步倒退。

河北省

2016 年服务业发展指数得分为 98.146，位居全国第 15 位，比上年提升 1 位；发展基础、经济贡献、增长潜力分别为 98.060、96.687、99.722 分，排名依次为第 13 位、第 20 位和第 15 位。河北服务业发展指数从 2011 年的第 11 位下降到 2016 年的第 15 位，下降了 4 位；发展基础、增长潜力分别从 2011 年的第 11 位和第 12 位下降到 2016 年的第 13 位和第 15 位，分别下降了 2 位和 3 位。

河北近年来服务业发展指数位次出现后退，应深入落实“京津冀”协同发展战略，进一步优化发展环境，全力实施招商引资，承接北京、天津等发达地区产业转移，实现服务业跨越式发展。

陕西省

2016 年服务业发展指数得分为 98. 057，排名第 16 位，比上年提升 1 位；发展基础、经济贡献、增长潜力分别为 97. 284、98. 860、98. 284 分，排名依次为第 15 位、第 17 位和第 16 位。

与 2011 年比，服务业发展指数、经济贡献位次没有变化，发展基础上升了 1 位，增长潜力位次出现了下降，说明陕西还要进一步加大对服务业的政策扶持和落实力度，形成产业集群效应和规模效应，从而持续推进全省经济结构调整、加快发展步伐。

安徽省

2016 年服务业发展指数得分为 97. 004，排名第 17 位，比上年提升 1 位；发展基础、经济贡献、增长潜力分别为 96. 446、97. 778、96. 974 分，依次排名第 18 位、第 18 位和第 19 位。与 2011 年比，安徽发展基础、增长潜力分别上升 1 位和 3 位，经济贡献下降 1 位，说明服务业发展基础良好，成长能力取得较大进步，但服务业占国民经济的比重，以及对经济增长的贡献有待进一步提高。

内蒙古自治区

2016 年服务业发展指数得分为 94. 615，位居全国第 18 位，位次与上年持平；发展基础、经济贡献、增长潜力得分分别为 91. 452、95. 179、98. 269 分，排名依次为第 27 位、第 22 位和第 17 位。内蒙古服务业发展基础不强，占国民经济比重不高，服务业对经济增长的贡献有待进一步提高，应在夯实发展基础的同时，注重服务业内涵发展，努力提高服务业质量和效益。

山西省

2016 年服务业发展指数得分为 93. 668，位居全国第 19 位，位次与上年持平；发展基础、经济贡献、增长潜力分别得分 90. 124、102. 523、89. 537 分，与 2011 年比，山西服务业发展指数位次上升 6 位，发展基础下降 4 位，增长潜力上升 3 位。说明山西要进一步夯实服务业发展基础，培育新兴经济增长点，促进服务业成长能力的提高。

云南省

2016 年服务业发展指数得分为 93. 658，排名第 20 位，比上年上升 1 位；发展基础、经济贡献、增长潜力分别为95.460、94.951、89.962分，排名依次为第20位、第23位和第25位。与2011年比，云南服务业发展指数位次上升了3位，发展基础、增长潜力均上升了1位，经济贡献下降1位。云南虽然总体位次上移，但指数总得分处于中等偏下的位置，说明云南服务业发展取得较大进步，但还需进一步优化经济结构，加快转型升级步伐。

海南省

2016年服务业发展指数得分为93.656，位居全国第21位，比上年下降1位；发展基础、经济贡献、增长潜力分别为95.403、100.743、84.240分，增长潜力存在一定缺口。与2011年比，海南服务业发展指数位次下降2位，发展基础近年来稳定在20位左右，经济贡献位次有所上移。说明海南要在提高服务业增长潜力上下功夫，培育新兴经济增长点，尽快补足服务业发展短板。

广西壮族自治区

2016年服务业发展指数得分为93.655，位居全国第22位，位次与上年持平；发展基础、经济贡献、增长潜力分别得分96.772、92.099、91.054，分别位居第17位、第26位和第24位。与2011年比，广西服务业发展指数位次保持不变，发展基础位次有所提高，但经济贡献、增长潜力均下降了3位，说明广西在做大服务业蛋糕的同时，要进一步提升服务业发展质量，促进服务业对经济增长做出更大贡献。

江西省

2016年服务业发展指数得分为93.566，位居全国第23位，比上年提升1位；发展基础、经济贡献、增长潜力分别为97.092、90.101、92.328分，对应排名依次为第16位、第28位和第22位。与2011年比，江西服务业发展指数位次上升了3位，发展基础和增长潜力位次均有所上移，说明江西服务业发展势头良好，但排名靠后，需要进一步优化结构，做大做强总量蛋糕。

黑龙江省

2016年服务业发展指数得分为93.550，位居全国第24位；发展基础、经济贡献、增长潜力分别为93.707、95.796、91.095分，对应排名依次为第24位、第21位和第23位。与2011年比，黑龙江省服务业发展指数下降4位，发展基础、经济贡献分别下降6位、1位。作为东北地区省份，黑龙江省服务业发展应抢抓国家“振兴东北”机遇，加快经济结构调整步伐，使服务业成为新的经济增长极。

新疆维吾尔自治区

2016年服务业发展指数得分为93.474，位居全国第25位，发展基础、经济贡献、增长潜力分别为94.034、92.240、93.960分，位于第23位、第25位和第21位。与2011年比，新疆服务业发展指数总体呈上升趋势，位次上升了2位；发展基础和经济贡献位次均有所上升，增长潜力下降1位，说明新疆需进一步提高服务业发展质量和效益，培育更多新的经济增长点，以促进增长潜力的提高。

贵州省

2016年服务业发展指数得分为92.705，位居全国第26位，比上年下降2位；发展基础、经济贡献、增长潜力分别为90.958、89.963、97.776分。与2011年，比贵州服务业发展总体呈下降趋势，服务业发展指数位次下降2位，经济贡献下降1位。贵州省服务业发展底子薄、基础弱，与发达地区相比尚存较大差距，服务业发展指数位次靠后。

吉林省

2016年服务业发展指数得分为92.667，位居全国第27位，比上年下降1位；发展基础、经济贡献、增长潜力分别为91.844、90.576、95.856分，对应排名依次为第26位、第27位和第20位。与2011年比，吉林服务业发展指数下降6位，发展基础下降4位，服务业发展水平有待全面提升。

宁夏回族自治区

2016年服务业发展指数得分为92.651，位居全国第28位，比上年提升1位；发展基础、经济贡献、增长潜力分别为94.930、94.759、87.505分，分别位于第22位、第24位和第27位。与2011年比，服务业发展指数位次上升1位，经济贡献、增长潜力分别上升1位和4位。虽然宁夏服务业发展指数位次有所上移，但服务业指数得分较低，服务业发展还处于较低水平。

甘肃省

2016年服务业发展指数得分为90.438，位居全国第29位，位次与上年持平；发展基础、经济贡献、增长潜力分别为84.240、103.148、85.993分。甘肃服务业占国民经济比重较大，对经济贡献较为突出，但发展基础和增长潜力均处于较低水平，因此甘肃应进一步夯实发展基础，优化发展环境，提升服务业成长能力。

青海省

2016年服务业发展指数得分为89.245，位居全国第30位；发展基础、经济贡献、增长潜力分别为 92.882、86.847、86.796 分，均处于较低水平。青海服务业总量较小，整体水平较低，技术层次不高，经营方式粗放，知识密集型的高端服务业占比低，服务业转型升级任务艰巨。

第二节　中国副省级城市服务业发展指数测算分析

国家“十三五”规划提出要积极适应把握引领经济发展新常态，加快推动服务业优质高效发展，扩大服务业对外开放，优化服务业发展环境，推动生产性服务业向专业化和价值链高端延伸、生活性服务业向精细和高品质转变。服务业不仅日益成为促进世界经济复苏、引领转型发展的新引擎、新方向，也是中国经济长期持续健康发展与优化升级的新动力。本书建立服务业发展指数统计模型，从发展基础、经济贡献、增长潜力三个维度，对全国 15 个副省级城市服务业发展指数进行测算。测算结果报告如下：

一、副省级城市服务业发展指数排名及总体特点

根据服务业发展指数模型测算结果，全国 15 个副省级城市服务业 2016 年发展指数排位情况如表 3－2 所示。

表 3－2　　2016 年 15 个副省级城市服务业发展指数排名

地区	发展基础		经济贡献		增长潜力		服务业发展指数	
	得分	排名	得分	排名	得分	排名	得分	排名
广州	140.000	1	122.655	2	128.170	2	131.248	1
深圳	110.539	2	120.043	4	150.000	1	125.228	2
杭州	109.964	3	150.000	1	116.279	3	123.870	3
南京	105.946	5	120.466	3	114.323	4	112.815	4
武汉	106.603	4	119.043	5	108.378	5	110.868	5
成都	101.302	6	94.942	7	105.243	6	100.576	6
青岛	99.250	8	94.137	8	105.024	8	99.448	7

续表

地区	发展基础		经济贡献		增长潜力		服务业发展指数	
	得分	排名	得分	排名	得分	排名	得分	排名
宁波	96.349	9	93.775	9	105.181	7	98.227	8
西安	89.151	10	101.253	6	102.752	10	96.862	9
大连	100.897	7	92.804	10	94.870	11	96.661	10
沈阳	89.150	11	92.768	12	105.020	9	94.997	11
济南	88.636	12	92.767	13	92.308	12	90.977	12
厦门	87.000	14	92.768	11	92.139	13	90.272	13
哈尔滨	88.466	13	92.454	14	90.000	15	90.123	14
长春	86.567	15	92.431	15	90.289	14	89.443	15
平均值	99.988		104.821		106.665		103.441	
中位数	99.250		94.137		105.024		98.227	
最高分	140.000		150.000		150.000		131.248	
最低分	86.567		92.431		90.000		89.443	

从表中排位情况可以看出，15个副省级城市服务业发展呈现如下特点：

一是总体水平稳步上升。2011年15个副省级城市服务业发展指数平均值82.974，到2016年为103.441，上升了20.334。分省得分情况看，最高分由2011年的100.000（广州市）上升到2016年的131.248（广州市），上升了31.248；最低分由2011年的61.592（长春市）上升到2016年的89.443（长春市），上升了27.851。

二是经济贡献不断提高。服务业占国民经济比重不断提高，对经济增长贡献日益增强。2011—2016年，服务业经济贡献维度平均得分82.730、86.843、89.283、92.551、96.915、106.665，得分逐年上升。2016年经济贡献维度得分的106.665比2015年的96.915上升了9.75分，比2011年的82.730上升了23.935分。

三是区域结构呈现“东高西低”。2016年15个副省级城市中，东部地区服务业发展指数平均值106.374分，西部地区98.719分，中部地区96.811分，东部地区平均得分明显高于中西部地区。排名前10的城市中有7个东部地区，分别是广州、深圳、杭州、南京、青岛、宁波、大连；最后两名都是中部地区，这基本与各地经济发展水平相吻合，反映出服务业向东部沿海地区集聚发展的态势。

四是六强城市贡献较大。2016 年服务业发展指数得分超过 100 分的有 6 个城市，分别是广州、深圳、杭州、武汉、南京、成都，与上年完全相同。武汉从 2011 年开始进入 6 强，其他 5 个城市保持不变。2011—2016 年，服务业发展指数 6 强城市不仅位置基本稳定，而且贡献突出。2016 年 6 强城市服务业发展指数平均值 117.434，比总体平均值（103.441）高 13.993 分，对服务业发展贡献较大。

二、副省级城市服务业发展指数分城市情况

广州市

2016 年服务业发展指数得分为 131.248，高于 15 个副省级城市平均水平，位居第 1 位，与上年持平。发展基础得分 140.000，从 2015 年的第 2 位上升到第 1 位；经济贡献得分 122.655，排名第 2 位，增长潜力得分 128.170，排名第 2 位。2016 年，广州市的经济总量领先，人均 GDP 处于第 2 位，服务业增加值达 13445.03 亿元。六年间，广州市服务业发展基础、经济贡献、增长潜力始终位于前两位，保持稳定。广州市作为改革开放的前沿，总部经济、商贸物流、房地产、金融等服务业一直保持稳定、健康的发展。近年来，新兴产业如卫星导航、科技服务、工业设计、文化创意等快速成长，成为经济增长的主要动力。

深圳市

2016 年服务业发展指数得分为 125.228，高于 15 个副省级城市平均水平，位居第 2 位，与上年持平。发展基础得分 110.539，排名第 2 位；经济贡献得分 120.043，排名第 4 位，增长潜力得分 150.000，排名第 1 位。2016 年，深圳市的经济总量领先，人均 GDP 处于第 1 位，服务业增加值为 11785.88 亿元。深圳市服务业总量大、占 GDP 比重高，服务密度高，服务业劳动生产率较高，企业竞争力强，服务业发展基础雄厚，是中国改革开放的排头兵，三大支柱行业金融、物流和高新技术产业，增速都在 10% 以上，同时，尤其以互联网为代表的新技术革命为服务业企业突破传统模式，发展新业态、新模式提供了有力的支撑。近年来，随着服务贸易和服务外包快速发展，技术创新和经济结构调整走

在全国前列，服务业对第二产业以及经济增长的支撑作用日益凸显，服务业成长能力也随之有较大幅度提高。

杭州市

2016 年服务业发展指数得分为 123. 870，高于 15 个副省级城市平均水平，位居第三位，与上年持平。发展基础得分 109. 964，排名第 3 位；经济贡献得分 150. 000，排名由 2015 年的第 3 位上升至第 1 位，增长潜力得分 116. 279，排名由 2015 年的第 4 位上升至第 3 位。2016 年，杭州市的经济总量领先，人均 GDP 处于第 4 位，服务业增加值为 6738. 26 亿元。杭州市信息产业高度发达，电子商务产业走在全国的前列，在阿里巴巴等重点企业的带动下，电子商务、数字产业、云计算与大数据高速发展，现代服务业高速发展，经济结构不断优化。

南京市

南京市 2016 年服务业发展指数得分 112. 815，高于平均水平，排名与上年持平。发展基础、经济贡献、增长潜力得分分别为 105. 946、120. 466、114. 323 分，排名依次为第 5 位、第 3 位和第 4 位。2016 年，服务业增加值 6133. 31 亿元，增速达到 10. 07%，占 GDP 比重达 58. 39%，比上年提高 1. 07 个百分点。南京将现代服务业发展作为推动产业结构调整的重中之重，现代服务业正在成为南京经济发展的新引擎。

成都市

2016 年服务业发展指数得分为 100. 576，低于平均水平，居第 6 位，位次与上年持平。发展基础、经济贡献、增长潜力分别为 101. 302、94. 942、105. 243 分，位于第 6 位、第 7 位、第 6 位。与 2011 年相比，发展基础、增长潜力均上升了两位，说明成都服务业发展基础和成长能力有较大提升。成都服务业规模较大、结构较优，服务业综合竞争力在西部城市中一直处于领先地位。

青岛市

青岛市 2016 年服务业发展指数得分 99. 448，与上年相比排名保持不变。发展基础、经济贡献、增长潜力得分分别为 99. 25、94. 137、105. 024 分，排名均为第 8 位。2016 年，全市实现服务业增加值 5479. 61 亿元，占地区生产总值比重达到 54. 7%，服务业对全市经济增长的贡献率超过 80%。说明青岛市服务业经济贡献和增长潜力显著提高，但还需进一步优化经济发展环境，夯实服务业发展基础。

宁波市

2016 年服务业发展指数得分为 98. 227，低于平均水平；在全国 15 个副省级城市中居第 8 位，与上年相比排名不变；2016 年发展基础得分为 96. 349，在全国 15 个副省级城市中居第 9 位，与上年相比上升 1 位。增长潜力得分为 105. 181 分，居第 7 位，与上年相比上升 1 位。而经济贡献得分为 93. 775，排名第 9 位，与 2015 年相比下降 1 位。宁波市服务业发展较好，服务业发展潜力逐步上升，应在“你追我赶，不进则退”的当前形势下，继续保持发展势头。

西安市

2016 年服务业发展指数得分为 96. 862 ，位居第 9 位，排名与上年持平，与 2011 年相比，排名上升了两位；发展基础、经济贡献、增长潜力分别为 89. 151、101. 253、102. 752 分，对应排名依次为第 10 位、第 6 位、第 10 位。经济贡献维度的排名不断提高，服务业对经济增长的贡献大，说明西安还要进一步加大对服务业的政策扶持和落实力度，形成产业集群效应和规模效应，从而持续推进全省经济结构调整、加快发展步伐。

大连市

大连市 2016 年服务业发展指数得分 96. 661，低于平均水平，与上年相比排名保持不变。发展基础、经济贡献、增长潜力得分分别为 100. 897、92. 804、94. 870 分，排名依次为第 7 位、第 10 位和第 11 位。2016 年，大连市服务业实施“贸易提升”“大数据应用”产业发展、“两个示范”“消费促进”“载体建设”“创新驱动”六大工程，充分发挥大数据基础作用，打造“货运滴滴”，助力国际航运中心、国际物流中心和国际贸易中心建设。说明大连市服务业的成长能力会得到进一步提升，培育出更多新的经济增长点。

沈阳市

2016 年服务业发展指数得分为 89. 150，位居全国第 11 位，排名比上年上升两位，但是与 2011 年相比，排名下降了 3 位；发展基础、经济贡献、增长潜力分别为 89. 150、92. 768、105. 020 分，对应排名依次为第 11 位、第 12 位、第 9 位。沈阳传统产业所占比重较大，服务业的发展相对缓慢，近几年，沈阳服务业经济贡献率和投资贡献率持续出现负增长。说明沈阳要进一步夯实服务业发展基础，培育新兴经济增长点，促进服务业成长能力的提高。

济南市

济南市 2016 年服务业发展指数得分 90. 977，低于平均水平，与上年相比排名保持不变。发展基础、经济贡献、增长潜力得分分别为 88.636、92.767、92.308 分，排名依次为第 12 位、第 13 位和第 12 位。2016 年，济南紧紧围绕“打造‘四个中心’、建设现代泉城”的目标任务展开部署，有利于进一步加快经济转型升级，提高服务业在国民经济中的比重，以促进服务业发展提质增效升级。

厦门市

2016 年服务业发展指数得分为 90.272，低于平均水平；位居第 13 位，位次与上年相比下降两位；发展基础、经济贡献、增长潜力分别以 87.000、92.768、92.139 分位居第 14 位、第 11 位、第 13 位。与上年相比，发展基础下降 1 位，增长潜力下降 3 位，经济贡献上升 1 位。厦门在提升经济贡献的同时，应关注服务业的成长能力，加快经济转型升级步伐，提高服务业在国民经济的比重，以促进全市服务业发展提质增效。

哈尔滨市

2016 年服务业发展指数得分为 90.123，位居全国第 14 位，排名与上年持平，从 2011 年开始，哈尔滨的排名没有变化；发展基础、经济贡献、增长潜力分别为 88.466、92.454、90.000 分，对应排名依次为第 13 位、第 14 位、第 15 位。与 2011 年相比，哈尔滨服务业总体发展缓慢，低于全国平均水平。哈尔滨服务业总量小、底子薄、基础弱，产业结构调整缓慢，服务业占 GDP 的比重小，服务业就业贡献率偏低，与发达地区相比尚存较大差距。

长春市

2016 年服务业发展指数得分为 89.443，位居第 15 位，排名与上年持平；发展基础、经济贡献、增长潜力分别为 86.567、92.431、90.289 分，对应排名依次为第 15 位、第 15 位、第 14 位，均处于较低水平。长春服务业总量较小，整体水平较低，技术层次不高，经营方式粗放，知识密集型的高端服务业占比低，特别是生产性服务业的发展比较滞后，一些新的服务业业态、新的模式诞生缓慢，服务业转型升级任务艰巨，服务业发展水平有待全面提升。

三、武汉市服务业发展指数排名及分析

（一）武汉市排位情况

2011—2016 年，武汉市服务业发展指数排位情况如表 3 – 3 所示：

表3－3　　2011—2016年武汉市服务业发展指数排名

年份	15个副省级城市发展指数得分平均值	武汉	
		得分	排名
2011	82.974	83.906	7
2012	85.657	86.892	6
2013	87.703	89.997	6
2014	89.194	92.691	5
2015	91.691	96.068	5
2016	103.441	110.868	5

总体上看，武汉市的服务业在全国15个副省级城市中排位靠前，发展势头很好，发展位次逐步前移。从表3－2中可以看出，武汉市的得分一直高于平均值。2011—2016年，武汉市服务业发展指数排位稳步提升，由2011年的第7位提升到2016年的第5位，前进了3位。2016年武汉市服务业总量规模迈上6000亿元新台阶，占GDP比重达到52.84%，高于全国平均水平。武汉市服务业年均增速维持在10%左右，服务业已经成为武汉市经济结构的主体。

（二）从维度层面分析

2011—2016年，武汉市服务业发展指数分维度情况如表3－4所示：

表3－4　　武汉市服务业维度发展指数及排名

年份	项目	发展基础	经济贡献	增长潜力
2011	得分	85.431	84.392	81.778
	排名	6	8	12
2012	得分	87.749	88.413	83.96
	排名	7	7	9
2013	得分	90.167	93.489	85.124
	排名	6	6	6
2014	得分	91.421	98.454	87.131
	排名	6	5	5
2015	得分	94.332	103.76	96.068
	排名	5	5	5
2016	得分	106.603	119.043	108.378
	排名	4	5	5

从发展基础维度看，武汉服务业的发展基础稳步提升，2011 年，武汉市服务业发展潜力维度得分 85.431，到 2016 年得分 106.603，得分排名从第 6 位提升到第 4 位，名次逐渐上升。从数值上来看，武汉的服务业发展基础好于 15 个副省级城市的平均水平。这说明，武汉市服务业发展的基础和条件是相对优越的。

从经济贡献维度看，从 2011—2016 年，武汉市服务业经济贡献得分均高于 15 个城市平均水平，排名也比较靠前，自身比较，从 2011 年的排名第 8 位，上升到 2015 年的第 5 位，表明武汉服务业在就业、投资等方面对经济发展起到了较强的支撑作用，在国民经济中的地位和作用日益显现。

从增长潜力维度看，从 2011—2016 年，武汉服务业发展活力逐步显现。2011 年，武汉市服务业增长潜力维度得分 81.778，到 2016 年得分 108.378，得分排名从第 12 位提升到第 6 位。增长潜力维度包括规模以上工业增加值增速、城镇居民人均可支配收入、社会消费品零售总额、金融机构本外币存款余额、城镇化率多个指标，反应的是服务业的成长性，即未来的发展特征和发展潜力。武汉市的增长潜力指数得分高于 15 个副省级城市平均水平。

综合而言，武汉服务业在全国 15 个副省级城市中排位相对靠前，综合实力相对较强，服务业发展基础、经济贡献和增长潜力不断改善，整体上呈现稳步向前的发展态势，有望实现服务业“十三五”规划的发展目标。

第三节　中国百强城市服务业发展指数测算分析

党的十八大以来，在以习近平同志为总书记的党中央一系列治国理政的新理念新思想新战略的指引下，中国各城市服务业全面快速发展，规模持续增大，成为拉动国民经济增长的主要动力和新引擎。百强城市的选择范围是全国服务业发展指数得分前 100 名的城市，不包括 4 个直辖市、15 个副省级城市及港澳台地区。现将研究情况报告如下：

一、百强城市服务业发展指数排名及总体特点

根据服务业发展指数模型测算，2016 年全国百强城市服务业发展指数得分以及排名情况如表 3－5 所示。

表 3-5　　2016 年全国百强城市服务业发展指数得分排名

地区	服务业发展指数		地区	服务业发展指数		地区	服务业发展指数		地区	服务业发展指数	
	得分	排名		得分	排名		得分	排名		得分	排名
苏州	98.753	1	宜昌	75.936	26	廊坊	69.429	51	遵义	65.807	76
郑州	90.353	2	扬州	75.761	27	保定	69.203	52	宿迁	65.806	77
长沙	89.841	3	南昌	75.704	28	漳州	68.821	53	湖州	65.687	78
石家庄	89.704	4	鄂尔多斯	75.455	29	茂名	68.399	54	珠海	65.685	79
无锡	88.172	5	泰州	75.201	30	乌鲁木齐	68.380	55	连云港	65.639	80
福州	87.135	6	包头	74.666	31	江阴	68.190	56	赣州	65.537	81
东莞	85.978	7	洛阳	74.434	32	湛江	68.144	57	鞍山	65.532	82
佛山	85.717	8	嘉兴	72.705	33	德州	68.142	58	周口	65.379	83
泉州	84.661	9	南宁	72.514	34	聊城	68.132	59	肇庆	65.198	84
烟台	82.765	10	沧州	72.236	35	榆林	67.860	60	枣庄	65.119	85
温州	82.702	11	惠州	72.078	36	江门	67.619	61	焦作	65.068	86
合肥	82.432	12	邯郸	71.840	37	南阳	67.583	62	信阳	65.065	87
南通	81.115	13	金华	71.738	38	大庆	66.982	63	新乡	65.060	88
潍坊	80.129	14	东营	71.716	39	菏泽	66.957	64	郴州	64.925	89
唐山	79.727	15	威海	71.327	40	海口	66.910	65	汕头	64.915	90
昆明	79.374	16	襄阳	71.066	41	义乌	66.861	66	九江	64.720	91
常州	79.305	17	呼和浩特	70.738	42	芜湖	66.498	67	桂林	64.658	92
临沂	78.868	18	淮安	70.623	43	兰州	66.457	68	驻马店	64.608	93
盐城	78.174	19	泰安	70.404	44	吉林	66.383	69	邢台	64.597	94
台州	77.473	20	中山	70.249	45	株洲	66.365	70	商丘	64.495	95
镇江	77.115	21	太原	70.230	46	许昌	66.323	71	揭阳	64.222	96
徐州	77.018	22	昆山	69.816	47	滨州	66.209	72	通辽	64.194	97
绍兴	76.999	23	岳阳	69.784	48	张家港	66.133	73	赤峰	63.906	98
济宁	76.514	24	贵阳	69.687	49	咸阳	66.110	74	宝鸡	63.898	99
淄博	76.042	25	常德	69.540	50	柳州	66.009	75	龙岩	62.801	100

从2016年全国百强城市服务业发展指数得分及排名情况可以看出，全国百强城市服务业发展指数平均分为71.781分。服务业发展指数最高分是98.753分（苏州），比平均分高26.972分，比第二名（郑州）高出8.4分；最低分是62.801分（龙岩）。分省来看，江苏省中有15个城市进入百强榜单，数量最多；其次是山东省和广东省，分别有13个、11个城市进入榜单。

二、百强城市服务业发展指数分维度情况

从发展基础维度来看，2016年全国百强城市平均得分为71.558分；发展基础维度最高分为100分（苏州），最低分为61.644分（龙岩），两者相差38.356分。发展基础维度排名前10的城市分别为苏州、郑州、长沙、福州、石家庄、无锡、东莞、佛山、泉州和温州；除温州外，其余9个城市均进入服务业发展指数的前10强。

从经济贡献维度来看，2016年全国百强城市平均得分为75.165分；最高分为100分（石家庄），最低分为63.794分（宝鸡），两者相差36.206分。经济贡献维度排名前10的城市分别为石家庄、苏州、郑州、长沙、无锡、福州、泉州、佛山、东莞和温州，除温州外，其余9个城市均进入服务业发展指数的前10强。

从增长潜力维度来看，2016年全国百强城市平均得分为68.696分；发展基础维度最高分为100分（苏州），最低分为61.743分（赤峰），两者相差38.257分。发展基础维度排名前10的城市分别为苏州、郑州、长沙、佛山、石家庄、无锡、泉州、烟台、东莞和合肥；除合肥外，其余9个城市均进入服务业发展指数的前10强。

三、百强城市服务业发展指数分区域情况

从表中可以看出，2016年全国服务业区域发展呈现如下几个特点：

第一，服务业发展呈现“东高西低，东强西弱”的格局，区域发展不平衡。2016年，服务业百强城市中大都属于东部沿海发达地区，基本上是与各地经济发展水平相吻合的。百强城市中，有58个城市属于东部地区，25个城市属于中部地区，14个城市属于西部地区，3个城市属于东北地区。东部地区城市服务

业发展指数得分平均值为73.373分，中部地区平均值为69.962分，西部地区平均值为69.612，东北地区平均值为66.299分。其中东部沿海城市服务业发展普遍活跃，总体态势较好。沿海地区是服务业的聚集地，以现代服务业为主导是沿海城市共同的经济形态。2016年，东部沿海城市中有6个城市进入全国服务业百强城市，分别是福州、烟台、南通、威海、湛江、连云港，其中福州服务业发展指数得分最高，为87.135分，位居百强城市中第6位。

第二，长江经济带服务业发展良好，各项指标高于全国平均水平。长江经济带作为新一轮改革开放的重点区域，也是中国最具活力的经济带，2016年，长江经济带有37个城市进入全国服务业发展百强之列。37个城市服务业发展指数得分平均值为73.735分，高于百强城市的平均分，其中发展基础、经济贡献和增长潜力的平均得分分别为73.250、77.855和70.260分，均高于百强城市对应维度的平均得分。

第三，"一带一路"沿线城市服务业发展活力进一步释放。"一带一路"倡议的实施为沿线城市带来服务业发展的重大机遇。2016年，"一带一路"沿线城市中有39个城市进入全国服务业百强城市的榜单。这些城市服务业发展迅速，服务业占GDP的比重以及服务业经济贡献率均高于百强城市平均水平，巨大的发展空间使得服务业发展潜力得到进一步的提升。

四、服务业发展指数10强城市情况

2016年服务业发展指数百强城市排名前10的城市分别为苏州、郑州、长沙、石家庄、无锡、福州、东莞、佛山、泉州和烟台。10强城市服务业发展指数平均值88.308分，比总体平均值（71.781分）高出16.527分，对服务业发展贡献突出。

苏州市

2016年服务业发展指数得分为98.753，远高于"百强城市"平均水平，位居首位。其中，发展基础得分100.000，位居首位；经济贡献得分95.845，位居第2位；增长潜力得分100.000，位居首位。2016年，苏州市的经济总量位居百强城市首位，服务经济发展提速，经济结构持续优化，服务业增加值达7975.82亿元，比上年增加10.0%，服务业占地区生产总值的比重首次超过50%，达到51.4%。新型商业模式迅猛发展，全年电子商务交易额9000亿元。新产业新业态不断成长，基本确立战略性新兴产业支柱地位，高新技术产业产值规模以上工业总产值比重提高到 52.5%。2016 年，苏州经济社会发展取得了新提升、新成效，经济运行总体平稳有进，为服务业发展夯实了基础。

郑州市

2016 年服务业发展指数得分为 90.353，位居第 2 位。其中发展基础得分 87.755，位居第 2 位；经济贡献得分 95.694，位居第 3 位；增长潜力得分 88.477，位居第 2 位。2016 年，河南省有 10 个城市进入服务业百强城市榜单，郑州市作为省会城市，在资本、劳动力、技术、信息等要素集聚方面优势明显，服务业发展指数得分比第二名洛阳（74.434 分）高出 15.919 分。2016 年，郑州市经济总量在百强城市中位居第 5 名，服务业增加值达 4057.13 亿元，同比增长 9.9%，服务业对经济的贡献率接近 50%，批发零售、住宿餐饮业保持良好发展势头，全年完成社会消费品零售总额 3665.8 亿元，同比增长 11.3%。

长沙市

2016 年服务业发展指数得分为 89.841，位居第 3 位。其中发展基础得分 87.630，位居第 3 位；经济贡献得分 95.537，位居第 4 位；增长潜力得分 87.093，位居第 3 位。2016 年，湖南省有 5 个城市进入服务业百强城市榜单，长沙作为省会城市优势突出，服务业发展的各项指标继续领跑，服务业发展指数的得分高出第 2 名（岳阳）20.057 分。2016 年，服务业对全市经济增长的贡献达 59.2%，实现增加值 4439.52 亿元，同比增长 12.4%，服务业占比呈现出逐步提升的态势，服务业贡献提升，成为了全市经济增长的主动力。2016 年，长沙继续深化商事制度改革，简化准入、降低门槛，社会投资创业势头良好，产业结构持续优化，新产业、新业态、新模式蓬勃发展，有效促进了大众创业、万众创新。

石家庄

2016 年服务业发展指数得分为 89.841，位居第 4 位。其中发展基础得分 86.862，位居第 5 位；经济贡献得分 100.000，位居首位；增长潜力得分 83.197，位居第 5 位。2016 年，河北省中有 7 个城市进入百强榜单，石家庄作为省会城市，服务业发展水平远远领先于省内其他城市，石家庄积极推进，在广泛调研的基础上，出台了鼓励企业技术创新的政策措施，推进了工业领域创新驱动战略实施，支持企业加快技术创新步伐，促进和完善以企业为主体、市场为导向、产学研相结合的全市技术创新体系建设。

无锡市

2016 年服务业发展指数得分为 88.172，位居第 5 位。其中发展基础得分 86.544，位居第 6 位；经济贡献得分 95.433，位居第 5 位；增长潜力得分 83.082，位居第 6 位。2016 年，无锡市全市实现社会消费品零售总额 3119.56 亿元，同比增长 9.6%，消费品市场平稳运行，经济发展环境进一步优化，夯实了服务业发展基础。同时 2016 年无锡产业结构加快调整，三次产业比例调整为 1.5∶47.2∶51.3，服务业占 GDP 的比重持续加大，服务业对经济的贡献明显。2016 年，无锡市积极发展互联网经济，大力推进“互联网 +”行动计划，促进互联网、大数据、云计算等产业发展，催生更多的新产业、新技术、新业态、新模式。

福州市

2016 年服务业发展指数得分为 87.135，位居第 6 位。其中发展基础得分 87.567，位居第 4 位；经济贡献得分 95.380，位居第 6 位；增长潜力得分 78.313，位居第 11 位，可以看出，福州在发展基础维度表现较好，主要得益于福州的服务业增加值，服务业固定资产投资总额等指标都位居前列。作为省会城市，福州市在政治文化、科技资源、资本人才等要素集聚方面存在一定优势，相对于其他城市具有较强的竞争力，发展前景依旧可观。福州市出台了相关方案，以创新驱动为核心，以国家级试点示范区建设为载体，以构建新产业、新技术、新平台、新业态、新模式为抓手实施提升计划。

东莞市

2016 年服务业发展指数得分为 85.978，位居第 7 位。其中发展基础得分 86.300，位居第 7 位；经济贡献得分 92.675，位居第 9 位；增长潜力得分 78.853，位居第 9 位。2016 年，东莞全市经济总量位居百强城市中第 7 位。东莞服务业发展基础较好，经济贡献和增长潜力欠佳。2016 年，东莞的服务业增加值为 3632.37 亿元，同比增加 8.9%，位居全国地级市第 5，增速高于同年第一产业和第二产业增加值的增速，另外东莞在服务业劳动生产率方面也表现不俗，位居全国第 6，在前 10 的城市中仅次于苏州和无锡。

佛山市

2016 年服务业发展指数得分为 85.717，位居第 7 位。其中发展基础得分 81.962，位居第 8 位；经济贡献得分 92.757，位居第 8 位；增长潜力得分 83.683，位居第 4 位。2016 年，佛山的服务业增加值为 3375.32 亿元，同比增长

9.7%，高于地区生产总值的增速 1.4 个百分点。佛山在增长潜力方面表现突出，主要得益于佛山的城镇化率较高，在服务业发展指数排名前 10 的城市中位居首位。广东省政府印发“互联网 +”行动计划，以“互联网 +”作为引领广东产业转型升级的重要抓手，而作为全球重要制造业基地的佛山，也同样抓住机遇，发布“互联网 +”行动计划，出台各项措施促进“互联网 +”创新创业，成功举办两届中国（广东）国际“互联网 +”博览会，促进了新兴产业的发展。

泉州市

2016 年服务业发展指数得分为 84.661，位居第 9 位。其中经济贡献得分 80.759，位居第 9 位；发展基础得分 92.788，位居第 8 位；增长潜力得分 81.735，位居第 7 位。2016 年，泉州的地区生产总值位居百强城市中第 9 位，服务业增加值为 2544.37 亿元，同比增长 9.5%，服务业增加值占地区生产总值的比重为 44%，服务业对泉州经济的发展起着至关重要的作用。泉州作为福建省确定做大做强的三大中心城市之一，同时也被列入国家“一带一路”倡议的“21 世纪海上丝绸之路”先行区，服务业发展空间巨大。

烟台市

2016 年服务业发展指数得分为 82.765，位居第 10 位。其中发展基础得分 80.058，位居第 13 位；经济贡献得分 89.810，位居第 12 位；增长潜力得分 82.765，位于第 10 位。2016 年，烟台服务业总量继续增加，第三产业增加值为 2996.49 亿元，同比增加 8.6%，高于第一产业和第二产业增加值的增速；服务业增加值占 GDP 的比重达到 43.3%，同比提高 1.7 个百分点，提高幅度为近年最高。2016 年，烟台正在探索建立“互联网 + 科技服务”新模式，以云计算、大数据、“互联网 +”等新一代信息技术为支撑，进一步拓展烟台市产业导航服务平台功能，打造集科技资源、科技大数据、科技服务、科技管理于一体的“科技服务云平台”，更好地服务全市科技创新。

第四节　中国 70 个大中城市服务业发展指数测算分析

本书选择城市的主要依据是国家统计局公布的全国 70 个大中城市，但不包括北京、上海、天津和重庆，这 4 个直辖市归属于省级行政区域，不在本次研究范围之内；考虑到拉萨是一省省会，苏州经济实力有目共睹，课题将这两个城市也列入研究范围之内。

一、70个大中城市服务业发展指数总体情况

经济新常态下，中国服务业全面快速发展，规模持续增大，已占据国民经济的半壁江山，新兴产业不断涌现快速成长，传统产业加速转型升级，结构进一步优化，对促进就业、拉动消费、改善民生等方面发挥了积极重要作用，成为拉动国民经济增长的主要动力和新引擎。根据服务业发展指数模型测算结果，“十二五”期间，全国70个大中城市服务业总体发展呈现如下特点：

一是服务业发展总体水平稳中有升。2011—2015年，全国70个大中城市服务业发展指数得分平均值从2011年的68.48分上升到2015年的72.87分，最高分从2011年的100.00分上升到2015年的115.89分，上升势头明显。

二是东部地区城市服务业发展水平较高。2011—2015年，东部地区城市服务业发展指数平均得分均高于70个大中城市平均分，中部地区、西部地区、东北地区城市服务业发展指数得分低于70个大中城市平均分，反映出全国服务业区域发展水平的不平衡性。

三是中西部和东北部地区城市服务业发展水平相对落后。2011—2015年，排名后5位的城市都来自中国中西部和东北部地区，这些城市服务业总量较小，结构层次偏低，产业能级不高，创新能力不强、新兴服务业发展缓慢。从发展基础、成长能力、社会贡献度三个维度来看，这些城市排名都处于相对偏低的位置，反映出这些城市服务业发展水平与其他大中城市相比存在较大差距，同时也折射出中国服务业发展水平“东高西低”的现实情况。

2011—2015年全国70个大中城市服务业发展指数得分和排名情况如表3－6所示：

表3－6　2011—2015年70个大中城市服务业发展指数得分及排名

地区	2011年		2012年		2013年		2014年		2015年	
	得分	排名	得分	排名	得分	排名	得分	排名	得分	排名
广州	100.00	1	102.98	1	108.86	1	110.87	1	115.89	1
深圳	97.89	2	101.80	2	104.51	2	106.47	2	113.04	2
杭州	86.91	4	89.92	5	92.53	5	94.69	3	99.77	3

续表

地区	2011年		2012年		2013年		2014年		2015年	
	得分	排名	得分	排名	得分	排名	得分	排名	得分	排名
南京	86.20	5	90.21	4	93.05	3	94.43	4	98.26	4
武汉	83.91	8	86.89	7	89.99	7	92.69	6	96.07	5
成都	84.51	6	87.96	6	90.29	6	92.62	7	94.14	6
苏州	93.36	3	95.16	3	92.66	4	94.27	5	93.12	7
长沙	80.58	14	83.52	12	86.11	10	87.52	10	91.53	8
青岛	84.43	7	84.95	11	85.83	11	86.95	12	90.63	9
宁波	82.18	12	85.80	9	86.33	9	87.16	11	90.34	10
西安	81.22	13	82.39	14	85.33	12	89.59	8	89.92	11
郑州	76.88	19	78.54	18	81.38	15	82.43	18	88.41	12
大连	83.34	10	86.39	8	88.66	8	88.51	9	86.26	13
厦门	77.14	17	79.69	16	80.30	18	83.65	14	85.41	14
济南	77.61	16	79.49	17	81.03	16	82.71	16	84.62	15
呼和浩特	78.05	15	80.12	15	83.86	14	83.24	15	84.45	16
沈阳	83.41	9	84.95	10	85.26	13	84.41	13	83.88	17
福州	72.28	28	77.53	19	78.82	20	79.41	21	82.63	18
合肥	75.99	20	76.26	21	78.57	22	79.69	19	82.50	19
贵阳	71.30	31	75.58	23	77.25	24	79.34	22	82.37	20
昆明	74.05	22	75.03	24	78.34	23	78.23	24	81.93	21
乌鲁木齐	74.01	23	74.83	25	79.10	19	76.60	26	81.18	22
太原	71.34	30	73.71	29	74.64	30	78.51	23	80.08	23
无锡	82.40	11	82.78	13	80.48	17	82.70	17	79.67	24
哈尔滨	74.28	21	76.80	20	78.78	21	77.31	25	79.20	25
兰州	69.65	36	70.49	37	72.61	34	74.27	34	78.36	26
海口	70.48	34	71.54	34	74.69	29	75.19	29	78.32	27
三亚	72.37	27	73.06	30	74.98	27	75.33	28	77.70	28
温州	72.80	26	73.88	26	74.81	28	75.79	27	77.20	29
南昌	68.23	38	72.45	32	73.20	32	74.42	32	77.08	30
长春	73.27	24	73.80	28	73.88	31	74.92	30	76.86	31

续表

地区	2011 年		2012 年		2013 年		2014 年		2015 年	
	得分	排名	得分	排名	得分	排名	得分	排名	得分	排名
石家庄	72.90	25	73.02	31	76.23	25	73.44	35	76.80	32
南宁	70.84	32	71.90	33	71.81	36	74.46	31	76.52	33
惠州	71.72	29	73.84	27	73.08	33	74.41	33	76.13	34
湛江	70.13	35	70.70	36	71.38	37	72.46	37	74.01	35
银川	70.74	33	70.93	35	72.01	35	72.83	36	73.47	36
宜昌	65.62	40	69.33	38	67.84	38	70.52	38	72.18	37
包头	76.95	18	75.73	22	75.70	26	79.49	20	71.39	38
襄阳	64.45	42	66.06	41	66.66	41	67.89	41	69.85	39
泉州	62.03	44	63.67	45	63.09	43	67.26	42	69.28	40
桂林	66.05	39	67.42	39	66.91	40	68.69	40	68.74	41
烟台	68.23	37	67.11	40	67.53	39	69.48	39	65.13	42
唐山	64.73	41	65.48	42	64.03	42	66.93	43	64.29	43
扬州	61.85	45	65.23	43	62.98	44	65.90	44	63.19	44
金华	63.46	43	63.51	46	62.33	45	64.88	45	62.17	45
徐州	61.72	46	63.77	44	61.39	46	64.15	46	61.97	46
洛阳	58.10	49	59.70	48	58.42	49	60.62	49	59.99	47
拉萨	60.12	47	57.93	50	59.36	48	62.50	47	58.78	48
吉林	59.86	48	61.65	47	59.99	47	61.76	48	58.27	49
韶关	53.84	56	53.92	59	54.89	54	55.51	58	57.96	50
济宁	58.04	50	58.59	49	57.03	50	59.68	50	57.16	51
岳阳	53.60	57	57.43	51	53.90	59	57.23	52	56.76	52
秦皇岛	57.56	51	56.64	53	55.84	53	56.77	54	56.62	53
西宁	55.19	52	55.62	54	56.03	51	58.30	51	56.59	54
遵义	53.12	59	53.78	60	53.69	60	55.77	56	56.07	55
常德	53.15	58	54.83	56	54.40	56	56.87	53	55.92	56
大理	52.14	62	52.46	65	52.67	61	55.37	59	54.54	57
赣州	51.50	64	53.12	63	52.37	64	53.96	63	54.01	58
泸州	48.55	68	50.12	68	49.42	68	48.75	68	53.71	59

续表

地区	2011 年		2012 年		2013 年		2014 年		2015 年	
	得分	排名	得分	排名	得分	排名	得分	排名	得分	排名
蚌埠	51.73	63	54.39	57	54.26	58	55.99	55	53.68	60
牡丹江	53.99	55	53.56	61	54.30	57	53.54	65	53.48	61
九江	50.57	65	53.04	64	52.08	65	54.61	62	53.35	62
锦州	54.09	54	55.26	55	54.55	55	54.84	61	53.24	63
北海	52.96	60	53.31	62	52.62	63	55.52	57	53.22	64
安庆	52.23	61	54.02	58	52.65	62	53.58	64	52.95	65
丹东	54.50	53	57.17	52	56.02	52	55.29	60	52.53	66
平顶山	50.03	67	51.16	67	50.69	66	50.56	67	50.17	67
南充	50.27	66	51.51	66	50.49	67	52.10	66	50.07	68
平均值	68.48		70.08		70.66		72.14		72.87	
中位数	70.31		71.24		72.31		73.85		75.07	
最高分	100.00		102.98		108.86		110.87		115.89	
最低分	48.55		50.12		49.42		48.745		50.07	

二、服务业发展指数 10 强城市情况

（一）总体情况

2015 年全国 70 个大中城市服务业发展指数排名前 10 的依次是：广州、深圳、杭州、南京、武汉、成都、苏州、长沙、青岛、宁波（参见图 3－1）。

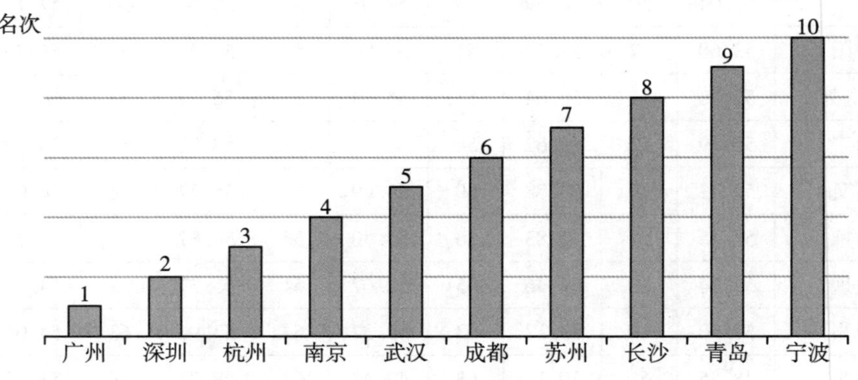

图 3－1　2015 年前 10 位城市服务业发展指数排名

2014 年全国 70 个大中城市服务业发展指数排名前 10 的依次是：广州、深圳、杭州、南京、苏州、武汉、成都、西安、大连、长沙（参见图 3－2）。

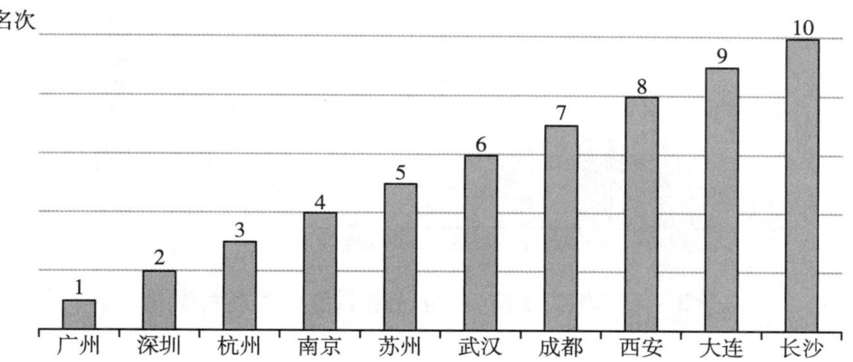

图 3－2 2014 年前 10 位城市服务业发展指数排名

2013 年全国 70 个大中城市服务业发展指数排名前 10 的依次是：广州、深圳、南京、苏州、杭州、成都、武汉、大连、宁波、长沙（参见图 3－3）。

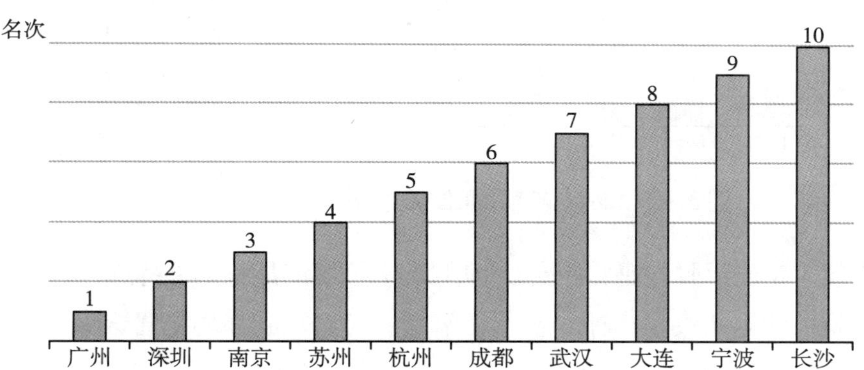

图 3－3 2013 年前 10 位城市服务业发展指数排名

2012 年全国 70 个大中城市服务业发展指数排名前 10 的依次是：广州、深圳、苏州、南京、杭州、成都、武汉、大连、宁波、沈阳（参见图 3－4）。

2011 年全国 70 个大中城市服务业发展指数排名前 10 的依次是：广州、深圳、苏州、杭州、南京、成都、青岛、武汉、沈阳、大连（参见图 3－5）。

总体上看，2011 年到 2015 年，70 个大中城市中服务业发展指数前 10 的城市比较稳定，广州、深圳、杭州、南京、武汉、成都、苏州 7 个城市连续 5 年位于服务业发展指数 10 强；大连 4 年进入 10 强；宁波、长沙 3 年进入 10 强；沈阳 2 年进入 10 强。

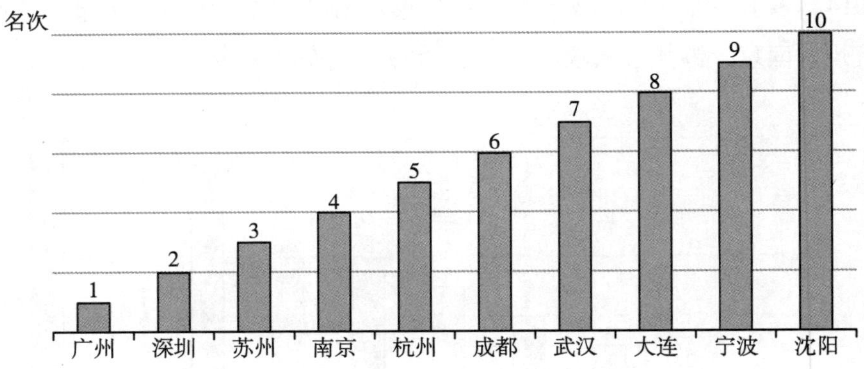

图3-4 2012年前10位城市服务业发展指数排名

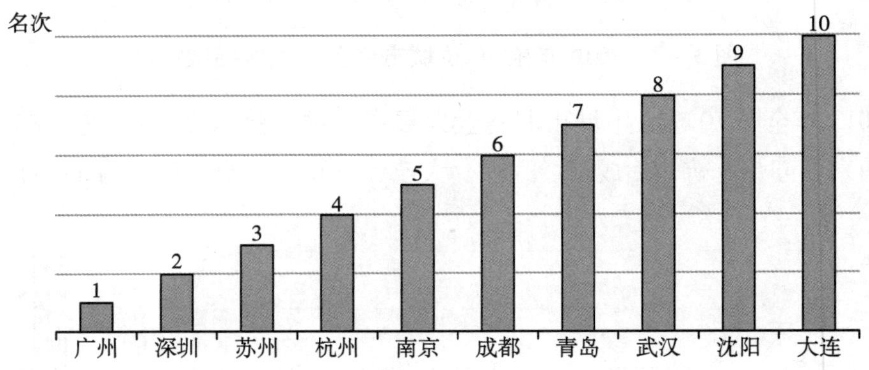

图3-5 2011年前10位城市服务业发展指数排名

连续5年位于服务业发展指数10强的7个城市具有如下特点：

一是行政等级高，广州、杭州、南京、武汉、成都均是省会城市，深圳是中国经济特区和改革开放的窗口，苏州在长三角城市群中占据重要地位。

二是经济总量大，7个城市有6个已跨入GDP万亿元俱乐部，南京2015年GDP实现9720.77亿元，接近万亿元大关。

三是东部地区贡献大，7个城市中，东部地区有5个，中部地区、西部地区各有1个城市（武汉、成都），反映出中国服务业有较为明显的集聚方向，行政等级高、经济规模大的城市以及东部沿海城市是服务业的主要集聚区。

（二）主要城市情况

广州、深圳稳居前两位。广州、深圳服务业总量大、占GDP比重高，服务密度高，服务业劳动生产率较高，企业竞争力强，服务业发展基础雄厚。近年来，随着服务贸易和服务外包快速发展，技术创新和经济结构调整走在全国前列，服务业对第二产业以及经济增长的支撑作用日益凸显，服务业成长能力也随之有较大幅度提高。

杭州2014年、2015连续2年位居第3位。杭州在阿里巴巴等重点企业的带动下，电子商务、数字产业、云计算与大数据高速发展，现代服务业高速发展，经济结构不断优化。2015年杭州服务业增加值同比增长14.6%，增速比上年提高6.0个百分点，对GDP贡献达74.6%，拉动全市GDP增长7.6个百分点，是经济增长的主要动力。杭州电子商务主营业务收入达到1262.35亿元，同比增长44.2%，电子商务已深入到传统商业、制造业、旅游、外贸等多个领域，对经济增长起到了较大的促进作用。

南京稳定在第4位到第5位之间。“十二五”期间，南京服务业增加值占GDP比重稳步提高，金融业、文化产业、旅游业成为国民经济支柱产业。2015年南京服务业实现增加值5572.27亿元，同比增长11.3%，占GDP比重达到57.3%，比上年提高1.5个百分点，服务业投资占全社会投资比重达到61.1%，同比提高1.8个百分点。

成都是西部地区经济中心，也是西部地区唯一进入10强的城市，排名稳定在6—7位。成都服务业规模较大、结构较优，服务业综合竞争力西部城市领先，连续5年位居服务业发展指数10强。2015年成都服务业实现增加值5704.5亿元，同比增长9.0%，占GDP比重为52.8%

苏州连续5年进入10强。“十二五”期间，苏州服务业发展规模逐年扩大，2015年服务业增加值达到7243亿元，为2010年的1.9倍，在全国大中城市中位居第7位；服务业增加值年均增速达12.2%，高出GDP年均增速2.7个百分点；占GDP比重从2010年的41.4%提高到2015年的49.9%，创历史新高。2015年，全市服务业完成投资3916亿元，占全社会投资的比重达63.9%，成为拉动投资增长的主要力量。

武汉、长沙两个城市服务业发展指数得分提升较快，这两个城市都来自于中部地区。“十二五”期间，武汉服务业年均增速都在10%左右，2015年武汉服务业实现增加值5564.25亿元，占GDP比重为51.0%，比上年提高2.0个百分点。武汉2011年到2015年排名分别为第8位、第7位、第7位、第6位、第5位，于2015年首次进入5强。长沙在2011—2012年没有进入10强，但是在2013—2015年连续3年进入10强，并由2013年的第10位上升至2015年的第8位。

第五节　湖北服务业发展指数测算分析

一、湖北服务业发展指数总体情况

（一）在全国位置的比较分析

“十二五”以来，在经济新常态大背景下，湖北服务业出人意料地强势崛起，在全国位次不断前移，增长速度首次领先第二产业，成为经济增长的新引擎，2016年占GDP的比重首次超过第二产业，服务业为主体的经济结构时代开始扬帆起航。

（1）在全国位次稳步前移。2011年以来，湖北服务业发展指数得分在全国位次稳步前移，特别是2015年，湖北服务业发展指数排名首次进入全国前10位。2016年湖北在全国居第9位，在中部6省中居第1位，在长江经济带11省市中居第4位，落后于上海、江苏、浙江，高于中西部及东北地区省份。2011—2016年，湖北服务业发展指数分别居全国第13位、第11位、第12位、第11位、第9位、第9位，6年间，湖北服务业发展指数在全国的位次上升了4位，且连续5年居中部第1位。湖北服务业发展强势崛起，得益于发展基础、经济贡献、增长潜力3个维度的全面进步。2011—2016年，3个维度在全国的位次分别上升了2位、7位、6位，经济贡献、增长潜力维度表现突出，对湖北服务业位次前移起到了较大的促进作用（参见图3-6）。

就全国而言，人均GDP和服务业发展指数得分均超过湖北的有福建、山东、浙江、江苏、广东、天津、上海、北京，构成全国服务业发展第一方阵。2016年，湖北人均GDP超过全国平均水平，居全国第11位。全国人均GDP为5万—6万元的省份共有5个，依次为辽宁、陕西、吉林、湖北、重庆，湖北服务业发展指数得分超过其他4个省份，表明湖北服务业发展综合水平超过同一经济发展水平的省份（参见图3-7）。

仅就服务业发展综合水平排名来看，湖北服务业的发展活力显现，表现为与靠前省份的差距在缩小，同时也拉大了靠后省份的差距。2016年湖北服务业

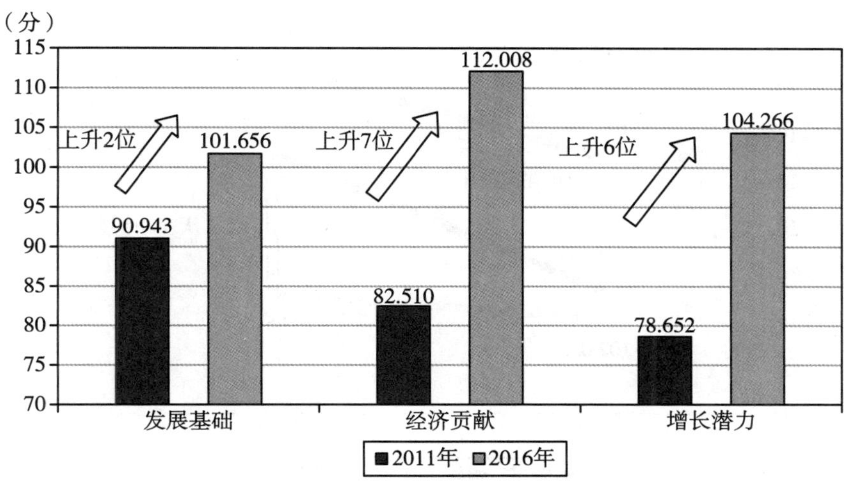

图3－6　湖北省服务业发展维度得分及排位变化情况

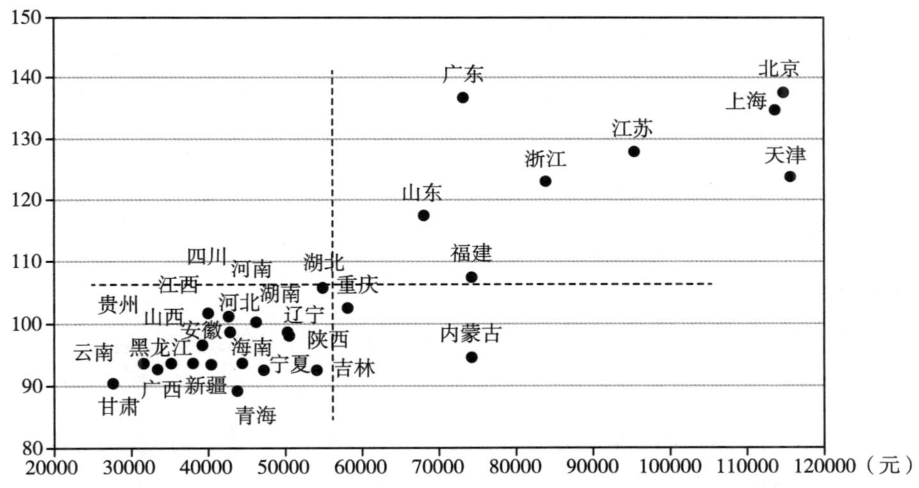

图3－7　服务业发展指数与人均GDP关系分布情况

发展指数居第9位，与第8位的福建相比，得分差距缩小，从2015年的3.505分缩小至1.872分；与第10位的重庆相比，得分差距扩大，从2015年的0.669分扩大到2.970分（参见图3－8）。

（2）综合实力较大提升。服务业发展指数分发展基础、经济贡献和增长潜力3个维度、37个经济指标进行综合分析。数据显示，湖北服务业整体实力在稳步提升。

从发展基础维度看，一是服务业总量稳步增长，2016年湖北服务业实现增加值14423.48亿元，同比增长9.5%，总量和增速分别位于全国第13位、第11

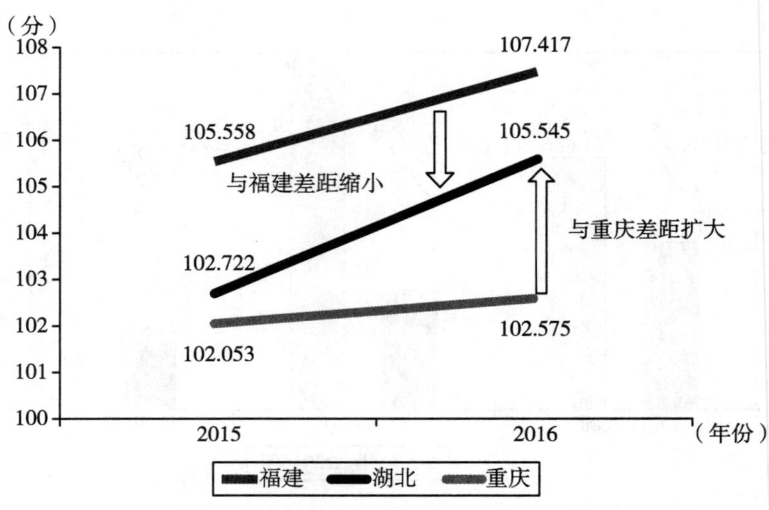

图3－8　湖北与福建、重庆的服务业发展指数得分比较

位。二是投资增速较高，服务业完成投资16389.4亿元，增长14.2%，居全国第7位，增速比第二产业高4.1个百分点；占全社会投资的比重为55.5%，比上年提高1个百分点。三是消费结构升级，2016年全社会消费品零售总额完成15649.22亿元，同比增长11.8%；通讯器材、中西药品、文化办公用品类限上零售额分别增长46.5%、15.0%和26.7%；全年实现票房总收入22.44亿元，居全国第7位、中部第1位。

从经济贡献维度看，湖北服务业在经济增长中的主体地位日益增强。一是就业吸纳能力增强，规模以上服务业吸纳就业人员77.31万人，5年来年均增长率达到9.7%，增速比全国平均水平高1.7个百分点。二是服务业增速高于GDP和第二产业，2016年湖北服务业增加值增长9.5%，增速比GDP、第二产业高1.4个、1.7个百分点；三是占GDP比重提高，服务业占GDP的比重达44.7%，比上年提升1.6个百分点，超过第二产业；四是经济贡献率上升，服务业对经济增长的贡献率由上年的47.9%提升至50.7%，比第二产业贡献率高6.8个百分点。

从增长潜力维度看，一是新兴业态快速发展，2016年湖北电子商务交易额1.39万亿元，同比增长26.4%；网上零售额达到1121.2亿元，增长22.7%，总量居全国第9位、中部第1位；限额以上批发和零售业企业（单位）通过公共网络实现商品零售额456.90亿元，增长53.6%，增速比社会消费品零售总额高41.8个百分点；完成快递业务总量达7.73亿件，增长52.1%。二是城镇化率提升，2016 年末全省城镇人口为 3419. 19 万人，城镇化率达 58. 1%，比上年提升 1. 25 个百分点，湖北城镇化水平高于全国平均，继续保持中部第 1 位。三是消费能力增强，2016 年末全省金融机构各项存款余额为 47284. 95 亿元，增长 14. 4%，比年初增加 5939. 07 亿元；居民人均可支配收入 21787 元，增长 8. 8%，总量居全国第 12 位、中部第 1 位。

（3）经济增长的新引擎。在经济增长放缓，工业运行压力持续加大的新常态下，湖北服务业对经济发展支撑作用增强，服务业主体地位暂露头角。湖北服务业增速从 2014 年开始高于第二产业，2015 年服务业增速比第二产业高 2. 4 个百分点；2016 年服务业增速比第二产业高 1. 7 个百分点。2011 年至 2016 年，湖北经济步入“中高速”新常态，湖北 GDP 增速，第二产业增速分别下降 5. 7 个、10. 1 个百分点，但服务业波动较小、走势平稳，增速仅下降了 2. 5 个百分点，下降幅度比 GDP 和第二产业低 3. 2 个、7. 6 个百分点，仍保持在 9. 5%，对经济增长形成强力支撑。

（4）慢进即退的现实紧迫。从全国服务业发展的大格局看，湖北服务业发展面临着前有标兵（东部及沿海发达省份）、后有追兵（中部其他省份及西部大开发迅速崛起的省份）、不进则退、慢进亦退的局面。仅就经济结构而言，湖北现在的经济结构水平相当于 2012 年全国的经济结构水平，2012 年中国服务业占 GDP 比重上升到 45. 5%，首次超过第二产业成为国民经济第一大产业；与全国产业结构的平均水平比较，相差一个计划期。

随着“中部崛起”战略的深入实施，中部 6 省服务业发展活跃，位次普遍前移。河南、湖南两省 2016 年服务业发展指数居全国第 12 位、第 13 位，位次比湖北低 3 位、4 位；服务业发展指数得分比湖北低 3. 232 分、5. 361 分，差距不大，再加上湖南、河南服务业总量本身就高于湖北，不少指标比湖北具有优势，湖北服务业发展指数得分存在被河南、湖南两省赶超的可能性。

安徽、江西两省近年来伴随着长江经济带的兴起，长三角地区产业转移步伐加快，服务业增长势头强劲，2016 年，服务业发展指数分别居全国第 17 位、第 23 位，分别比 2011 年提升了 1 位、3 位。山西与京津冀同处于环渤海地区，近年来传统产业转型升级步伐加快，2016 年服务业发展指数居全国第 19 位，比 2011 年提升了 6 位，安徽、江西、山西三省服务业发展指数得分有与湖北差距缩小的趋势（参见图 3 – 9）。

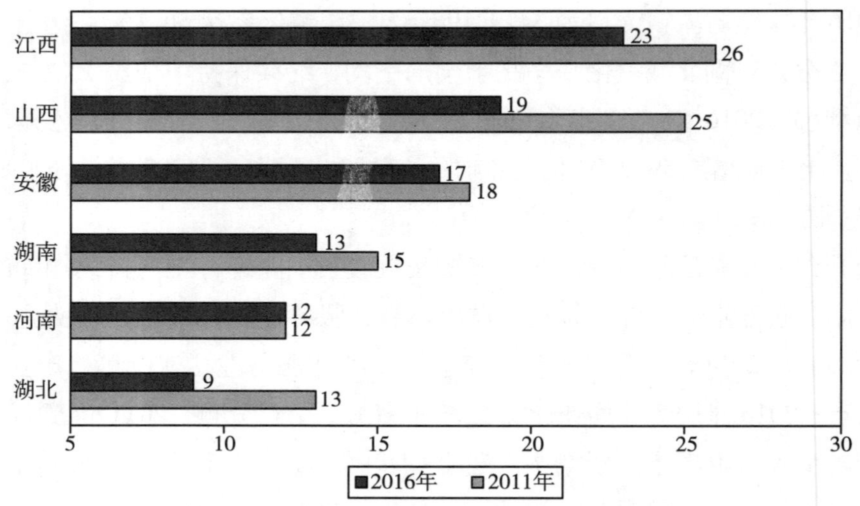

图 3－9　中部 6 省服务业发展指数位次变化情况

（二）存在的主要问题

近年来，湖北服务业发展虽然取得了长足进步，但仍是国民经济中的“短板”。其主要表现是：服务业增加值与 GDP 总量在全国的位次不相匹配，2016 年湖北服务业实现增加值 14423. 48 亿元，在全国居第 11 位，同期湖北 GDP 总量 32297. 91 亿元居全国第 7 位，是名副其实的“短板”。服务业增加值总量在中部 6 省居第 3 位，比湖南（14485. 30 亿元）、河南（16818. 27 亿元）分别少 61. 82 亿元、2394. 79 亿元。

2016 年湖北服务业增加值占 GDP 比重为 44. 7%，服务业投资占全社会投资的比重为 55. 6%，低于全国平均水平（51. 6%、58. 0%），居全国第 20 位、第 21 位。服务业人均增加值和单位面积增加值偏低，这两项指标均居全国第 12 位，这些指标均反映出服务业效益质量还有较大提升空间。存在的主要问题是：

（1）内部结构不优，生产性服务业发展不足。湖北批发和零售业、住宿餐饮业、交通运输、仓储和邮政业占服务业比重超过 35%，传统产业比重较高，现代服务业发展相对滞后，同发达地区相比，差距颇大。从服务业投资上看，湖北服务业投资偏重于房地产和基础设施建设，2016 年房地产开发投资占服务业的 26. 2%，直接用于扩大和提升现代服务业投资的比重较小（参见图 3－10）。

生产性服务业作为产业转型和结构升级的“中场发动机”，成为三次产业加速融合、协同发展的关键。湖北生产性服务业，如金融、研发设计、科技信息、

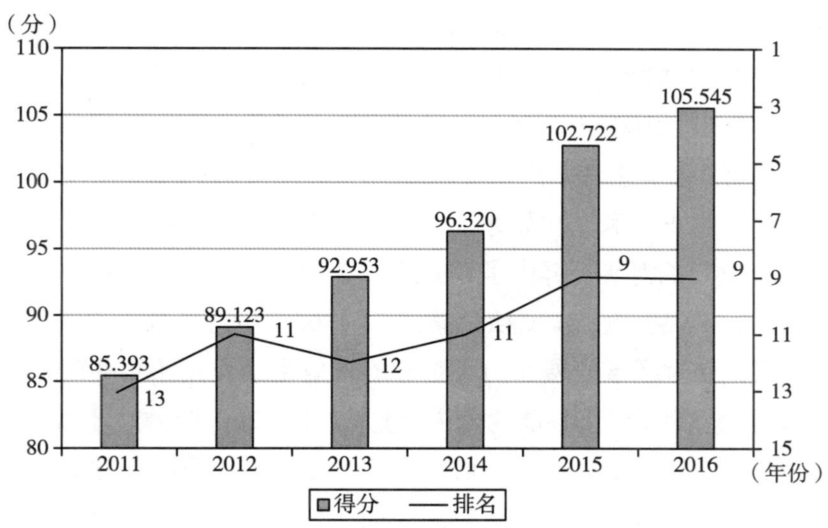

图 3－10　湖北 2011—2016 年服务业发展指数得分及排名情况

文化产业在服务业比重偏低，科技创新能力总体不强，交通运输、仓储和邮政业、批发和零售业、金融业、科技信息业对经济贡献的提升效应也不明显。

（2）区域发展不平衡，多极格局尚未形成。由于湖北各市州的人口、资源禀赋、地理区位等差异，湖北服务业发展“第二梯队”明显断层。武汉服务业发展指数得分超过 90 分，地位超然；在 75—90 分，没有城市进入，出现断档；65—75 分的有 9 个城市，包括宜昌、襄阳、黄石、鄂州、十堰、恩施、荆门、咸宁、荆州，依次位于第 2—10 位；55—65 分的有 7 个城市，包括黄冈、孝感、随州、神农架、潜江、仙桃、天门，依次位于第 11—17 位。

武汉一城独大，服务业发展指数得分大幅高于其他市州，服务业增加值占全省的比重为 43. 7%，出现了较强的“虹吸效应”；省域副中心宜昌、襄阳服务业占全省比重均不足 10%；其他市州的服务业总量偏小，整体发展水平不高。多极发展的格局尚未形成的结果是，武汉的经济辐射能力与各地承接辐射的能力都大打折扣，长此下去，“马太效应”会越来越强。

（3）龙头企业不强，难以有效形成集聚发展。湖北服务业企业大多处于“低、小、散”状态，缺乏一批实力强、具有核心竞争力、知名度高的龙头企业和品牌，没有形成规模效应，不能有效带动上下游相关产业共赢发展。2016 年末，湖北规模以上服务业企业 4517 家，居全国第 12 位。在中部地区，限额以上批发和零售企业、住宿和餐饮业企业数、房地产开发经营业企业数均居第 2 位；规模以上服务业企业数居第 3 位。

据统计，2016 年全国共有 131 家独角兽企业，其中有 7 家超级独角兽企业[①]，主要来自于互联网金融、电子商务、云服务、大健康等现代服务业领域。北京、上海、广东、浙江分别有 65 家，26 家、14 家、12 家；超级独角兽北京有 3 家，浙江有 2 家，上海、广东各有 1 家。而湖北仅有 2 家独角兽，分别是电子商务行业的“卷皮”和文化娱乐业的“斗鱼”，估值均为 10 亿美元。阿里巴巴作为“母企业”的龙头，孵化了蚂蚁金服、阿里云、口碑、淘票票和钉钉五家企业；腾讯、乐视孵化了 4 家独角兽、奇虎 360 孵化了 3 家，京东、平安孵化了 2 家。龙头企业对区域发展和中小企业的辐射带动作用不可估量。而湖北服务业缺少这样能够引领经济发展的龙头企业，难以在全国范围内形成集聚。

（4）优势发挥不够好，缺乏区域竞争力。湖北有深厚的文化底蕴、雄厚的科教实力、丰富的旅游资源以及独特的交通区位优势，在发展文化产业、旅游业、科技服务业、现代物流等方面有较大优势，但现实情况却不尽如人意。文化领域方面，湖南文化产业异军突起，广播影视、动漫游戏、娱乐演艺等板块均已进入全国第一方阵，湖北近年来虽急赶直追，但差距仍然较大。

旅游业方面，湖北现有 5A 级旅游景区 11 家，与广东、河南并列居全国第三位，比湖南多 7 家，但宣传和推广力度不够，品牌知名度不高。2016 年河南旅游总收入 5764.06 亿元，同比增长 14.5%，而湖北总收入 4870 亿元，同比增长 13%，总量和增速均低于河南。湖南张家界、南岳衡山、韶山、凤凰古城都已打造成为全国知名旅游品牌，2016 年国内游客人次和旅游总收入分别增长 19.5%、26.8%，比湖北高 7.5 个、13.8 个百分点。

湖北有“九省通衢”美称，拥有长江黄金水道以及必经中部的管道运输，成为全国交通枢纽中心和现代物流基地的条件得天独厚。仅与河南相比，2016 年湖北货物周转量完成 6159.90 亿吨公里，增长 4.3%；河南完成 7336.28 亿吨公里，增长 6.1%。湖北邮电业务总量 1400.01 亿元，增长 44.5%；河南完成 2065.90 亿元，增长 55.8%；湖北快递业务总量 7.73 亿件，增长 52.1%；河南完成 8.39 亿件，增长 63.0%。湖北货物周转量、邮电业务、快递业务总量和速度均低于河南。

湖北的科教人才资源是最大的比较优势之一。各类大专院校 99 所，在全国

---

① 数据来源于科技部火炬中心、长城战略咨询发布的《2016 中国独角兽企业发展报告》。独角兽企业是指具有发展速度快、稀少、是投资者追求的目标等属性的创业企业，标准是创业 10 年以内，估值超过 10 亿美元；估值超过 100 亿美元的企业称为超级独角兽。

位居第9位，在校大学生140.18万人；在湖北的科研院所258家，其中国家级实验室27家，科研实力强，研究能力突出，每年都会产生一批有实际应用价值的成果和专利，但实际转化不足，2016年湖北签订技术合同成交金额增长11.7%，比全国平均水平低4.3个百分点。2017年湖北预计有应届大学毕业生40余万人，这是一笔巨大的社会财富。留住人才，招引人才仍是湖北发展最现实的课题。

（三）成因分析

在看到湖北服务业发展存在问题的同时，更要理性分析其原因。总体上看，这是经济发展的阶段性特征，具有一定的必然客观性。主观上分析，主要原因有：

（1）对服务业的引擎作用尚未形成共识。一是对全国加快服务业发展的态势尚未形成共识。全国而言，服务业在国民经济中已占据半壁江山，“十三五”将是全国服务业大发展的重要战略期，也是湖北服务业实现跨越式发展、实现弯道超越的黄金机遇期。但一些地方和部门对当前湖北发展服务业的必要性和紧迫性尚未形成共识，未能从战略层面高度重视服务业的发展。二是对湖北经济发展客观上要求大力发展服务业尚未形成共识。湖北从20世纪50—80年代一直主抓农业，90年代以后工业化进程加快，服务业发展一直未提上战略位置和议事日程。多年来，湖北一直没有一次全省性的总动员、总体部署。加快服务业发展是经济转型升级的必然要求。湖北已跃进到加快服务业发展的新阶段，一些地方和部门把发展服务业和发展工业对立起来，对服务业发展重视不够，认识上有偏差，认为湖北当前发展新型工业化，没有到大力发展服务业阶段。三是对发展服务业和实体经济的关系尚未形成共识。认为发展服务业就是发展虚拟经济，与发展实体经济背道而驰，这是一种误解。事实上，服务业不仅是重要的实体经济，而且随着经济社会的进步，在实体经济中的地位会不断提高。抑制资产和虚拟经济泡沫，也并非是为了压制金融业等服务业的发展。

（2）服务业发展的机制不够灵活。一是管制过多。目前，服务业尤其是生产性服务业领域，存在较高的行政门槛和行政性垄断。教育、医疗、金融、信息、文化等领域还有不少禁区，政府管制过多，社会资本很难进入，导致一些服务业领域缺乏竞争，有效供给不足，发展水平不高。二是监管分散，尚未形成合力。服务业门类多，各项监管职能分散于不同部门，相关部门根据各自行业发展现状制定政策，没有像抓工业、农业那样形成整体推进机制和合力，服务业发展“一盘棋”意识不强，部分同志抓工业、农业驾轻就熟，抓服务业措施不多。三是市场化程度不高。目前湖北工业和建筑业国有经济比重已下降到一定比重，但金融、保险、电信、铁路、航空等服务业领域国有经济处于绝对地位，非国有经济较低。这些行业游离于市场体制之外，接受政府调控指令，企业经营管理水平不高。而教育、医疗、卫生、新闻出版、公用事业等一些具有双重性质的服务行业，过于看重非经济职能，在一定程度上影响了这些行业的正常发展。

（3）工作推进的力度不够大。一是调查研究力度不够。由于湖北对服务业发展认识不足等多方面原因，湖北各级政府、相关部门对服务业发展情况调查研究不足，尚未建立系统的服务业发展状况监测体系，高质量、有深度、接地气政策建议也不多见。二是政策支持力度不够。服务业发展政策体系不够健全，政策支持力度较小。特别是财政支持力度相对较弱，缺乏政府引导资金和投融资服务平台支持。与工农业相比，在资源配置上服务业成本普遍偏高，高端人才的引进和培育也缺乏相应的配套改革政策支持。三是工作推进力度不够。国家、省已明确的鼓励支持服务业发展的政策措施在很多地方还未得到很好的落实，发展服务业思路不够清晰，手段不多；服务业发展目标和任务尚需进一步明确、细化、分解，对各级政府服务业发展的督导考核制度有待完善；服务业统计体系不够健全，新兴服务业态统计方法制度比较薄弱。

（四）对策建议

在当前全国及周边省份都在加快服务业发展的形势下，湖北要把加快服务业发展作为“十三五”时期一项重大战略任务抓紧抓实抓好。为此，本书提出以下对策建议：

（1）双轮驱动，战略使命，实现跨越发展。省里明确提出现代服务业与先进制造业双轮驱动的发展战略。各地、各部门要在省委、省政府的领导下，大力响应习总书记关于“加快服务业发展”的号召，明确我省现代服务业发展总体要求，将突破性发展服务业作为“十三五”时期的重大发展战略。

一是加强组织领导。充分发挥省服务业工作领导小组的统筹推进作用，强化领导小组办公室职能，建立服务业发展联席会议制度，定期研究解决服务业发展改革中的重大问题，制订促进服务业加快发展的方针政策，部署涉及全局的重要任务。

二是加大服务业发展考核评价力度。围绕服务业发展指数编制过程中发现的问题和短板，做好任务分解，提出符合实际的长远发展目标和阶段性工作目标；提高服务业在各级综合考核评价体系中的权重，对各部门、各地区任务完成情况进行督察考核，推动各项工作举措落到实处。

三是开展课题研究。充分发挥湖北智库优势，围绕湖北服务业重点领域和重大问题，开展实地调研和专项课题研究，形成一批高质量、有深度、可行性强的精品成果，为政府相关部门和企业决策提供科学参考。

（2）深化改革，更新机制，营造良好环境。要加快服务业领域改革步伐，充分运用市场机制，增强政府投资的引导作用，采取多种形式培育市场主体。

一是进一步减少服务业重点领域前置审批和资质认定项目，由先证后照改为先照后证，加快落实注册资本认缴登记制，对服务业企业现行的行政事业收费按下限标准收取。

二是放宽市场准入，加快垄断行业管理体制改革，鼓励和引导外资和社会资本向现代服务业转移，引入市场机制，形成投资主体多元化；加大政府购买服务力度，充分发挥第三方组织作用，加强引导、大力支持、规范发展。

三是加强政策支撑。逐步扩大服务业发展专项资金规模，落实促进服务业跨越式发展的产业政策、税收政策、土地政策、贷款贴息、经费补助等多种方式，支持和鼓励各类现代服务业企业发展。

四是建立融资服务支持体系。针对服务业企业普遍反映的“融资难、融资贵”问题，鼓励融资性担保机构扩大服务业企业担保业务规模；成立省级服务业发展专项资金和政府引导基金，通过资金补助、贷款贴息、创业投资等多种方式支持企业发展；支持省内大型金融集团组建省级信贷周转基金，对服务业企业融资提供增信、担保、接续等。

（3）突出重点、以点带面，引导集聚发展。要从湖北实际出发，大力促进湖北具有优势的商贸、金融、科技、文化等服务业发展，通过人才集聚、企业集聚、项目集聚、产业集聚实现湖北服务业大发展。

一是加大服务业“五个一百”工程扶持。重点抓好100个服务业改革试点，重点培养100名现代服务业领军人才，重点扶持100家服务业龙头企业，重点培育100个服务知名品牌，重点推进100个服务业重大项目，以此带动全省服务业突破性大发展。

二是做大做强龙头企业。利用湖北自贸区政策优势吸引世界500强和独角兽企业在鄂设立区域性总部、研发中心、生产基地；建立领导干部联系挂点服务业重点企业和项目制度，优选一批管理规范、成长性高、规模实力强、社会贡献大的企业，重点扶持、跟踪培育，努力打造一批有竞争优势的骨干企业；鼓励和支持服务业企业上市、兼并重组、强强联合，形成规模效应，增强辐射带动能力。

三是打造生产性服务业集聚区。高标准打造国际设计之都、物流基地、软件中心；加快建设服务业特色小镇，以特色产品为龙头、特色产业为抓手，加快私募基金、新型供应链、文化创意、检验检测、研发设计等特色小镇建设，促进服务业向专业化和集聚化发展。

四是发展壮大以服务业为主的县域经济增长极。积极引进阿里巴巴“千县万村”计划①，挂牌省级村淘项目示范基地；加快交通、通信、电力、水利等基础设施建设，线上线下共同发力，打造精品农家乐和民俗游、休闲游、家庭游等乡村旅游特色品牌。

（4）释放潜力，扩大需求，促进消费升级。近年来，伴随居民消费结构不断升级，生活性服务业作为服务经济的重要组成部分，在扩大消费、促进就业、保障民生等方面发挥了重要作用。

一是构建促消费的长效机制，释放潜力。净化消费环境，打击假冒伪劣，提供安全的购物环境；形成合理有序的收入分配格局，着力提高居民财产性收入，培育中产阶层，增强消费能力；重视制度建设，加大在教育、医疗、社保等方面的公共投入，使居民免除“有钱不敢花”之忧，营造消费者敢于消费、愿意消费的环境。

二是抓住网购等新消费模式，使购买力向湖北汇集。在当今网购主要通过骨干网络零售企业和快递业实现的条件下，区域之间面临着消费能力跨区域流动的变化。湖北要鼓励和支持骨干网购企业打造遍布全国的开放式、社会化物流基础设施，建立能支撑千亿量级的网络零售额的智能骨干网络，“网聚”天下购买力，在全国取得优势地位。

三是推动旅游消费、定制消费、文化消费等，培育新的消费热点，促进消费升级。

二、湖北服务业发展指数（分市州情况）

“十二五”以来，在经济新常态大背景下，湖北服务业强势崛起，在全国位次不断前移，增长速度首次领先第二产业，成为经济增长的新引擎，2016 年占 GDP 的比重首次超过第二产业，服务业为主体的经济结构时代开始扬帆起航。

---

① 阿里巴巴集团 2014 年 10 月提出农村淘宝项目，推出“千县万村计划”，准备在 3—5 年内投资 100 亿元（每县 1000 万元）建立 1000 个县级服务中心和 10 万个村级服务站。

在这种形势下，准确地评价和认识湖北省各地服务业发展的真实水平、比较优势和存在的问题就显得尤为重要。本报告建立服务业发展指数统计模型，从发展基础、经济贡献、增长潜力3个维度，对湖北省各市州服务业发展指数进行测算。现将测算结果报告如下：

（一）服务业发展指数排名及总体特点

根据服务业发展指数模型测算结果，2016年湖北省17个市州服务业发展指数排位情况如表3－7所示。

表3－7　　2016年湖北省17个市州服务业指数排名

地区	发展基础		经济贡献		增长潜力		服务业发展指数	
	得分	排名	得分	排名	得分	排名	得分	排名
武汉	106.603	1	119.043	1	108.378	1	110.868	1
宜昌	75.033	3	115.218	2	75.854	3	87.335	2
襄阳	75.717	2	110.254	3	75.567	5	86.033	3
黄石	69.454	7	103.771	4	72.789	6	80.750	4
恩施	67.570	13	89.555	7	78.066	2	77.314	5
十堰	69.464	6	89.819	6	71.896	8	76.300	6
鄂州	72.636	4	81.164	10	75.817	4	76.148	7
荆门	69.452	8	89.349	8	71.441	10	76.018	8
咸宁	68.715	11	90.900	5	70.119	11	75.792	9
黄冈	72.451	5	79.563	12	70.101	12	73.879	10
荆州	68.724	10	81.589	9	72.051	7	73.582	11
孝感	68.694	12	76.426	14	71.540	9	71.867	12
潜江	65.701	16	79.423	13	69.429	13	70.936	13
仙桃	67.533	14	76.419	15	69.171	15	70.690	14
随州	69.249	9	72.602	17	69.184	14	70.235	15
天门	65.962	15	80.147	11	65.027	17	69.937	16
神农架	65.106	17	75.529	16	68.212	16	69.165	17
平均值	71.651		88.869		73.803		77.462	
中位数	69.249		81.589		71.540		75.792	
最高分	106.603		119.043		108.378		110.868	
最低分	65.106		72.602		65.027		69.165	

根据服务业发展指数模型测算结果，2016 年湖北省 17 个市州服务业发展呈现如下特点：

一是总体水平大幅上升。2016 年湖北省服务业发展指数平均值 77.462 分，比 2015 年的 66.627 分上升了 10.835，比 2011 年的 62.132 分上升了 15.330 分。最高分由 2015 年的 96.068 分上升到 2016 年的 110.868 分，上升了 14.800 分；最低分由 2015 年的 56.339 分上升到 69.165 分，上升了 12.826 分。

二是经济贡献不断提高。服务业占国民经济比重不断提高，对经济增长贡献日益增强。2011—2016 年，服务业经济贡献维度平均得分 62.751、64.257、64.581、66.534、68.732、88.869，得分逐年上升。2016 年经济贡献维度得分 88.869，比 2015 年的 68.732 分上升了 20.137 分，比 2011 年的 62.751 分上升了 26.118 分。

三是武汉城市圈发展稳中有升。武汉城市圈是湖北经济发展的核心区域，也是中部崛起的重要战略支点，近年来武汉城市圈服务业快速发展，高端业态集聚水平显著增强。2016 年，武汉城市圈“1 +8”个市州服务业发展指数得分 77.847 分，高于全省平均水平，比 2011 年的 62.411 分上升了 15.463 分。9 个市州中有 2 个市州进入服务业发展指数前 5 强。与上年位次相比，仙桃、潜江上升 2 位，黄冈、天门上升 1 位，武汉、黄石、孝感、咸宁与上年持平，鄂州下降 2 位。

四是区域发展不平衡。由于湖北各市州的人口、资源禀赋、地理区位等差异，湖北服务业发展“第二梯队”明显断层。2011—2016 年，武汉市服务业发展指数得分连续 6 年稳居第 1 位，比第 2 名宜昌市高出 20 分左右。2016 年武汉市服务业发展指数得分为 110.868 分，比第 2 名宜昌市的 87.335 分高出 23.533 分，比第 3 名襄阳市的 86.033 高出 24.834 分，比湖北省服务业发展指数平均分 77.462 高出 33.406 分。

武汉一城独大，服务业发展指数得分大幅高于其他市州，服务业增加值占全省的比重高达 43.7%，出现了较强的“虹吸效应”；省域副中心宜昌、襄阳服务业占全省比重均不足 10%；其他市州的服务业总量偏小，整体发展水平不高。多极发展的格局尚未形成的结果是，武汉的经济辐射能力与各地承接能力都大打折扣，长此下去，“马太效应”会越来越强。

（二）服务业发展指数（各市州情况）

武汉市

2016 年服务业发展指数得分为 110.868，高于全省平均水平；位居湖北省首位，与上年持平。发展基础、经济贡献、增长潜力分别为106.603、119.043、108.378分，排名均位居全省第1位。2016年武汉市服务业实现增加值6294.94亿元，同比增长9.5%；占全省经济总量的52.8%，对全省经济总量增长贡献率达到64.9%。作为省会城市，武汉市在政治文化、科技资源、资本人才等要素集聚方面存在明显优势，服务业发展基础、经济贡献、增长潜力一直稳居全省首位，显示出强劲的发展势头。

宜昌市

2016年服务业发展指数得分为87.335，高于全省平均水平；位居第2位，仅次于武汉，与上年持平。发展基础得分75.033，排名第3位；经济贡献得分115.218，排名第2位；增长潜力得分75.854，排名第1位。2016年，宜昌人均地区生产总值居全省第2位，超过全省平均水平；金融机构存款余额突破3100亿元，贷款余额突破2300亿元。宜昌市服务业表现出不俗的发展潜力，发展水平稳中有升。

襄阳市

2016年服务业发展指数得分为86.033，高于全省平均水平；位居全省第3位，与上年持平。发展基础得分75.717，位居全省第2位；经济贡献得分110.254，位居全省第3位；而增长潜力以75.567分位居第5位。襄阳的服务业发展基础、增长潜力、经济贡献在“十二五”期间均位于第3位。2016年，襄阳服务业增加值总量、申请专利数量均居全省第2位，服务业发展可期。

黄石市

2016年服务业发展指数得分为80.750，高于全省平均水平；位居全省第4位，与上年持平。发展基础、经济贡献、增长潜力分别为69.454、103.771、72.789分，排名依次为第7位、第4位和第6位。五年来，黄石服务业占地区生产总值比重提高了7.37个百分点，服务业在国民经济的地位和作用明显提高。2016年，全市城镇化率达61.7%，城镇常住居民人均可支配收入居全省第2位，黄石未来服务业发展前景可观。

恩施土家族自治州

2016年服务业发展指数得分为77.314，位居全省第5位，比上年提升2位。增长潜力78.066分，位居全省第2位；发展基础、经济贡献分别为67.570、89.555分，位于第13位、第7位。2016年全州实现地区生产总值735.7亿元，居全省第13位；服务业增加值318.45亿元，位于第11位。近年来恩施州生态文化旅游业高速发展，形成了1处世界文化遗产、2家5A级景区、16家4A级景区的高等级景观集群，恩施州成为全国首批、全省唯一的国家全域旅游示范区创建州，生态旅游的发展对恩施服务业大发展起到了积极的促进作用。

十堰市

2016年服务业发展指数得分为76.300，位居全省第6位，与上年持平；发展基础、经济贡献、增长潜力分别为69.464、89.819、71.896分，排名依次为第6位、第6位、第8位。与2011年相比，发展基础、增长潜力均提升了1位，经济贡献下降了2位。2016年，十堰规模以上工业增加值同比增长11.4%，居全省第一，GDP增速领跑全省；接待国内外游客人次数、旅游总收入分别增长20.3%、24.7%，迈入全国百强旅游城市。十堰应大力加强公路交通等基础设施建设，在保生态、保水质的条件下注重旅游业内涵发展，培育出更多新的经济增长点。

鄂州市

2016年服务业发展指数得分为76.148，位居全省第7位，比上年下降2位；发展基础、经济贡献、增长潜力分别为72.636、81.164、75.817分，排名依次为第4位、第10位、第4位。2016年，鄂州人均GDP和服务业劳动生产率均位居全省第3位；城镇化率高达63.76%，位居全省第2位。“十二五”期间，鄂州建成中部规模第一的电子商务基地，社会消费品零售总额增速领跑全省。鄂州服务业发展质量较高，潜力巨大，但在提高发展基础和增长潜力的同时，需要重点着眼于经济贡献的提高。

荆门市

2016年服务业发展指数得分为76.018，位居全省第8位，位次与上年持平；发展基础、经济贡献、增长潜力分别以69.452、89.349、71.441分位居全省第8位、第8位、第10位。2016年，荆门工业增加值增速位居全省第四，但服务业占生产总值的比重排名相对靠后。作为全国首批、湖北唯一的通用航空产业综合示范区试点城市，荆门具有交通和现代物流的区位优势。说明荆门应大力发展物流业等现代服务业，提高服务业在国民经济中的比重。

咸宁市

2016年服务业发展指数得分为75.792，位居全省第9位，与上年持平。经济贡献以90.900分位居第5位，发展基础、增长潜力分别为68.715、70.119

分，均位居第11位。与上年相比，咸宁市经济贡献位次提升了1位，发展基础和增长潜力均下降了2位。咸宁目前已有11个村庄被列入全国传统村落保护名录，旅游经济指标迈入全省第一方阵。作为生态大市，咸宁要坚持生态优先、绿色发展的理念不动摇，打造中国中部绿心和国际生态城市，推动现代服务业发展。

黄冈市

2016年服务业发展指数得分为73.879，位居全省第10位，比上年提升1位。发展基础以72.451分位居第5位，经济贡献、增长潜力分别为79.563、70.101分，均位于第12位。与2011年相比，发展基础、增长潜力分别提升了4位、第1位；受服务业就业贡献率位次下降影响，经济贡献下降了1位。黄冈在全省市州率先实现县县通高速公路，境内有6条铁路、6座长江大桥、7条高速公路，交通区位优势得到充分凸现。黄冈应充分发挥交通区位优势，提高服务业就业能力，努力建设为区域性增长极。

荆州市

2016年服务业发展指数得分为73.582，位居全省第11位，比上年下降1位；发展基础、经济贡献、增长潜力分别为68.724、81.589、72.051分，分别位列全省第10位、第9位、第7位。近年来，荆州地区生产总值、固定资产投资、社会消费品零售总额等主要经济指标相继突破千亿大关，在全省经济总量排名中，位居第4。荆州旅游业发展形势较好，后劲十足，全市在建重大旅游项目22个，包括全省最大的水主题公园、投资28亿元的海洋世界，投资120亿元的华夏历史文化科技园等项目。

孝感市

2016年服务业发展指数得分为71.867，位居全省第12位，位次与上年持平；发展基础、经济贡献、增长潜力分别为68.694、89.349、71.441分，对应排名依次为第12位、第14位、第9位。孝感经济总量较大，2016年地区生产总值位居全省第6位，但人均生产总值位居全省第13位。孝感应积极发展新兴服务业，提升服务业在国民经济中的比重，进一步提高经济发展的质量和效益。

潜江市

2016年服务业发展指数得分为70.936，位居全省第13位，比上年提升2位。发展基础、经济贡献、增长潜力分别为65.701、79.423、69.429分，位于第16位、第13位、第13位。2016年，潜江人均生产总值6.28万元，位居全省第5位，高于全省平均水平（4.93万元）。2016年，潜江推进现代服务业功能转型，生态龙虾城、碧桂园天下城广场构建了新的城市聚集区。“十三五”期间，潜江需要进一步加大对服务业的政策扶持和落实力度，形成产业集群效应和规模效应，从而持续推进全市经济结构调整、加快发展步伐。

仙桃市

2016年服务业发展指数得分为70.690，位居全省第14位，比上年提升2位。发展基础、经济贡献、增长潜力分别为67.533、76.419、69.171分，位于第14位、第15位、第15位。与2011年相比，经济贡献名次提升了2位，增长潜力保持不变，发展基础下降了1位。2016年，仙桃服务业劳动生产率位居第15位，服务业固定资产投资总额位居全省第16位，交通运输货运周转量位居全省第16位，说明仙桃市服务业发展基础亟待加强。随着仙桃港开港运营，将有助于仙桃提高水运竞争力，吸引大型物流企业，推动现代物流产业的发展。

随州市

2016年服务业发展指数得分为70.235，位居全省第15位，比上年下降了2位。发展基础、经济贡献、增长潜力分别为69.249、72.602、69.184分，位于第9位、第17位、第14位。2016年随州地区生产总值位居全省第11位，服务业发展水平与其经济总量并不相称。服务业经济贡献率、服务业投资贡献率、服务业就业贡献率均呈现下降趋势，说明随州市还需进一步提高服务业质量和效益，切实加强服务业对经济增长的作用和贡献。

天门市

2016年服务业发展指数得分为69.937，位居全省第16位，比上年提升1位。发展基础、经济贡献、增长潜力分别为65.962、80.147、65.027分，位于第15位、第11位、第17位。与2016年，天门服务业固定资产投资总额位居全省第14位，年末金融机构本外币存款余额位居全省第16位。“十三五”期间天门市需要进一步夯实服务业发展基础，培育新兴经济增长点，加强金融市场的运行能力，促进服务业成长能力的提高。

神农架林区

2016年服务业发展指数得分为69.165，位居全省第17位，比上年下降3位。发展基础、经济贡献、增长潜力分别为65.106、75.529、68.212分，位于第 17 位、第 16 位、第 16 位。神农架已获得世界地质公园、世界名山、中国最美地质公园、中国最美森林、国家 5A 景区等 10 多块金字招牌，并荣膺“世界自然遗产地”称号，成为中国首个被联合国教科文组织人和生物圈保护区、世界地质公园、世界遗产三大保护制度共同录入的遗产地。旅游业的发展前景可观，应努力建设世界著名生态旅游目的地，唱响“神农架品牌”。

第四章　中国服务业发展指数空间差异和相关性分析

随着世界经济向服务经济的不断转型，服务业增加值占生产总值的比重也越来越大，全球服务业增加值占生产总值的70%左右，中国服务业起步较晚，但在国家地方的相关政策扶持下，服务业发展迅猛，2017年中国服务业增加值占GDP的比重约为51.6%，相比10年前（2007年服务业增加值占比为38.2%）上升了13.4个百分点。虽然中国服务业发展速度较快，但东中西部服务业发展不平衡问题日益突出，东部沿海地区的服务业发展水平远远高于中西部地区。服务业发展水平的差异性和相关性是研究地区服务业发展收敛性及区域溢出效应的基础。

第一节　服务业发展指数描述性统计分析

一、数据来源与处理

研究数据主要来源于《中国统计年鉴》《中国第三产业统计年鉴》《中国劳动统计年鉴》《中国城市统计年鉴》，全国各省、市、自治区统计年鉴、统计公报，以及EPS中国宏观经济数据库、中经网等权威数据库。

由于评价服务业发展水平的指标非常多，而指标之间的单位和数量级有很大差异，故难以直接进行比较和计算，因此还需要对各指标进行无量纲化处理，无量纲化处理也是综合评价步骤中的一个环节。处理数据时，由于各评价指标的性质不同，通常具有不同的量纲和数量级。当各指标间的水平相差很大时，如果直接用原始指标值进行分析，就会突出数值较高的指标在综合分析中的作用，相对削弱数值水平较低指标的作用。因此，为了保证结果的可靠性，需要对原始指标数据进行标准化处理。标准化方法见式（2－1）、式（2－2）。

二、测度结果与分析

通过上述熵权法、“分一总”计算方法以及数据处理等方法计算出来的各省份服务业发展指数得分结果如表4－1所示。

表4－1　2006—2016年中国30个省份的服务业发展指数得分

地区＼年份	2006	2007	2008	2009	2010	2011	2012	2013	2014	2015	2016
北京	86.9	93.8	96.6	100.1	105.8	109.0	113.7	118.5	121.1	127.8	137.7
天津	75.8	80.1	79.8	84.1	90.7	98.6	103.9	105.3	107.2	111.3	123.7
河北	73.2	76.9	79.1	87.0	88.0	87.2	89.0	92.8	95.1	97.5	98.2
山西	65.4	70.0	72.5	76.8	78.8	79.2	83.2	86.4	86.5	92.0	93.7
内蒙古	66.7	71.1	73.8	79.3	85.7	88.1	88.6	91.6	94.7	94.3	94.6
辽宁	74.6	77.7	82.2	85.5	89.9	94.7	98.1	103.4	101.0	101.3	98.4
吉林	65.5	69.7	73.6	74.8	78.2	80.9	83.2	83.9	84.4	88.3	92.7
黑龙江	66.0	70.4	73.3	76.5	80.7	81.2	84.2	86.9	86.8	89.9	93.6
上海	92.0	90.5	97.3	93.4	98.9	109.4	112.8	119.1	121.4	126.1	134.7
江苏	83.6	86.7	92.3	92.2	98.8	107.1	112.8	119.9	121.0	127.4	128.1
浙江	83.1	85.4	89.7	89.3	95.4	100.3	105.3	111.3	113.9	122.2	123.1
安徽	68.1	72.1	78.0	81.4	83.6	82.1	86.5	90.9	93.1	96.6	97.0
福建	72.5	75.3	78.5	81.5	85.8	87.6	92.0	97.1	99.1	105.6	107.4
江西	65.7	69.4	73.1	76.4	78.1	78.4	80.1	82.8	85.9	89.3	93.6
山东	82.1	85.7	91.8	93.5	99.6	99.6	102.9	109.0	110.0	116.8	117.5
河南	71.8	76.2	81.5	83.5	87.2	85.6	87.8	92.9	94.8	100.8	101.3
湖北	70.9	73.4	78.8	81.0	85.5	85.4	89.1	93.0	96.3	102.7	105.5
湖南	69.8	73.6	78.0	83.4	84.6	84.9	88.4	91.9	95.0	99.9	100.2
广东	90.4	91.9	98.5	96.4	101.4	108.8	112.9	120.3	123.5	132.1	136.9
广西	66.1	70.6	73.6	76.9	80.1	80.3	82.3	85.8	86.9	90.6	93.7
海南	66.8	70.6	73.7	78.9	81.0	81.9	83.1	89.9	86.9	91.7	93.7

续表

地区＼年份	2006	2007	2008	2009	2010	2011	2012	2013	2014	2015	2016
重庆	67.5	70.1	74.3	76.9	80.5	83.9	88.6	94.2	94.8	102.1	102.6
四川	71.5	74.4	77.6	79.1	84.1	85.2	89.4	94.5	97.1	101.2	101.5
贵州	63.7	67.3	70.3	72.9	76.9	79.7	82.2	85.9	86.7	88.9	92.7
云南	65.4	69.2	71.7	75.0	78.6	79.9	82.2	87.4	87.3	91.3	93.7
陕西	68.0	70.5	76.7	78.9	82.1	84.2	87.1	91.6	93.8	97.9	98.1
甘肃	63.3	65.5	68.6	69.8	73.9	75.7	77.6	81.4	82.2	84.8	90.4
青海	60.9	63.2	65.1	68.9	71.7	75.3	77.0	79.1	81.2	84.9	89.3
宁夏	62.0	64.1	67.0	69.5	74.3	77.5	80.8	82.8	84.4	85.9	92.7
新疆	62.3	65.6	67.5	70.3	73.0	78.3	80.4	84.2	85.3	89.3	93.5
全国	71.4	74.7	78.5	81.1	85.1	87.7	90.8	95.1	96.6	101.0	104.0
东部	72.6	75.3	78.9	80.8	85.1	89.5	93.1	98.0	99.1	103.9	107.4
中部	67.9	71.9	76.1	79.2	82.1	82.2	85.3	88.6	90.4	94.9	97.2
西部	65.2	68.3	71.5	74.3	78.3	80.7	83.3	87.1	88.6	91.9	94.8

从表4－1可以看出，2006—2016年中国各省份的服务业发展指数呈逐年上升趋势，全国服务业发展指数的平均得分从2006年的71.4上升到了2016年的104.0，其中东部地区的服务业发展指数平均得分从72.6上升到了2016年的107.4，中部地区则由67.9上升到了97.2，西部地区由65.2上升到了94.8，三大区域的服务业发展指数具有较大幅度的上升，另外可以看出，东部、中部和西部的服务业发展水平在2006—2016年每年都有一定程度的上升，这表明从全国来看，服务业水平稳步发展。分省份来看，各省份服务业发展指数得分均有不同程度提高。虽然近些年中国服务业发展水平呈现不断上升趋势，服务业欣欣向荣，但不可否认现阶段中国区域服务业发展依然不平衡，存在较大的地区差异，不论是30个省份（不包括港澳台及西藏，下同）之间的差异，还是东部、中部、西部三大区域之间的差异都比较明显。总体来看，东部地区服务业发展水平最高，中部次之，西部最小，2006—2016年东部地区服务业发展指数平均得分比中部地区高6.20分，比西部地区高9.07分。从服务业发展指数得分上升的幅度看，东部地区上升的幅度为47.9%，中部地区为43.2%，西部地区为45.4%，东部地区上升幅度最大，西部地区上升幅度略高于中部地区。从服务业发展指数区域差异的变化看，2006年东部地区服务业发展指数得分与中西

部地区之间的差距分别为4.7分、7.4分，而2016年差距扩大到了10.2分、12.6分，东部地区与中西部地区服务业发展的差距也越来越大（参见表4-2）。

表4-2　　　　中国各省份服务业发展指数排名

地区	平均值	平均值排名	变化幅度（%）	变化幅度排名	地区	平均值	平均值排名	变化幅度（%）	变化幅度排名
广东	110.3	1	51.4	5	安徽	84.5	16	42.4	21
北京	110.1	2	58.5	2	陕西	84.4	17	44.3	14
上海	108.7	3	46.4	12	内蒙古	84.4	18	41.8	23
江苏	106.4	4	53.2	3	海南	81.7	19	40.3	28
浙江	101.7	5	48.1	10	黑龙江	80.9	20	41.8	24
山东	100.8	6	43.1	18	广西	80.6	21	41.8	25
天津	96.4	7	63.2	1	山西	80.4	22	43.3	16
辽宁	91.5	8	31.9	30	云南	80.2	23	43.3	16
福建	89.3	9	48.1	9	吉林	79.6	24	41.5	26
河北	87.6	10	34.2	29	江西	79.3	25	42.5	20
河南	87.6	11	41.1	27	贵州	78.8	26	45.5	13
湖北	87.4	12	48.8	8	新疆	77.2	27	50.1	6
四川	86.9	13	42.0	22	宁夏	76.5	28	49.5	7
湖南	86.3	14	43.6	15	甘肃	75.7	29	42.8	19
重庆	85.0	15	52.0	4	青海	74.2	30	46.6	11

借鉴刘亦文等（2016）的分析方法，对中国各省份服务业发展指数平均值及变化幅度进行分析，由表4-2可知，服务业发展指数平均值排名前九的省份均来自东部地区，依次为广东、北京、上海、江苏、浙江、山东、天津、辽宁和福建，中部地区的河南和湖北分别排名第10位和第12位，服务业发展指数平均值排名靠后的10个省份中，有3个省份来自中部地区，依次为山西、吉林和江西，7个省份来自西部地区，依次为重庆、云南、贵州、新疆、宁夏、甘肃和青海。

第二节　服务业发展指数空间差异分析

一、空间差异度量方法

空间差异可以分为绝对差异和相对差异。绝对差是指偏离参考值的变量值的绝对值。我们通常通过极限差，极限均值差，均值差和标准差来测量绝对差。相对差异的测量方法通常包括基尼系数，变异系数，轮胎系数，综合熵指数等。

1. 绝对差异度量方法

范围是样本区域中最大值和最小值之间的差。本书研究了 30 个省中服务业发展指数最高的省和服务业发展指数最低的省的差异，可以用公式表示：

$$R = Y_{\max} - Y_{\min} \tag{4-1}$$

极均差是指样本中的最大值或者最小值与平均值之间的差值，本书中是指 30 个省份中服务业发展指数最高或最低的省份的服务业发展指数与平均发展指数之间的差值，可以用公式表示为：$R = Y_{\max} - \bar{Y}$ 或 $R = \bar{Y} - Y_{\min}$。其中 $\bar{Y}$ 是指样本区域的平均值。虽然极差和极均差在度量地区差异性的时候比较方便，但这两种方法有很大的缺点，不适合多个区域之间的比较。

平均差是指样本区域所有省份与其算术平均数的离差绝对值的算术平均数，平均差越大，那么各区域的标志值与算数平均值的差异程度也就越大，即样本区域的绝对差异也就越大。可以用公式表示为：

$$D = \frac{\sum_{i}^{n} |Y_i - \bar{Y}|}{n} \tag{4-2}$$

其中，D 为平均差，n 为样本区域个数（本书中为所考察省份的个数）。

标准差是指离均差平方的算术平均数的平方根，它能反映一个数据集的离散程度，通常用 σ 表示。标准差可以用公式表示为：

$$\sigma = \sqrt{\frac{\sum_{i}^{n} (Y_i - \bar{Y})^2}{n}} \tag{4-3}$$

2. 相对差异度量方法

（1）变异指数（CV）。变异指数是衡量样本中各观测值变异程度的一个统计量，当我们对两个或者多个样本区域变异程度进行对比时，如果观测单位的平均值相同，我们可以用标准差来比较，但是当观测单位的平均值不同时，那么我们就不能利用标准差来比较，这个时候我们就需要用标准差与平均数的比值来比较，而标准差与平均值的比值就是变异指数，变异指数可以消除观测单位平均值不同对样本区域变异程度比较的影响。变异指数可用公式（4－4）表示：

$$CV = \sqrt{\frac{\sum_{i}^{n}(Y_i - \bar{Y})^2}{n\bar{Y}^2}} \tag{4-4}$$

（2）基尼系数。基尼系数是赫希曼根据洛伦茨曲线提出的判断分配平等程度的指标，收入分配越平均，洛伦兹曲线的曲率越小，基尼系数越小。相反，收入分配越不均衡，洛伦兹曲线的曲率越大，基尼系数就越大，基尼系数的值在0—1之间。如果基尼系数的值为0，则收入分配绝对公平；如果基尼系数A的值为1，则收入分配绝对不公平。基尼系数的优点在于，它可以给出一个定量极限，直观地反映出贫富差距，目前为世界上大多数国家和地区所认可，并被广泛采用。但与此同时，基尼系数也有一些缺点，它不能反映不公平分配的存在。

（3）综合熵。熵是信息的期望值。综合熵指标是从信息量和熵的角度考察观测单位之间的差异程度。观测单位之间的差异越大，相应的综合熵指数就越大。反之，如果观测单位的差越小，则对应的综合熵指数就越小。

当$c \neq 0,1$时，综合熵的计算公式为：

$$\sum_{i=1}^{n} n_i\left[\left(\frac{Y_i}{\bar{Y}}\right)^c - 1\right] \tag{4-5}$$

当$c = 0$时，综合熵的计算公式为：

$$GE = \sum_{i=1}^{n} n_i \ln\left(\frac{Y_i}{\bar{Y}}\right) \tag{4-6}$$

当$c = 1$时，综合熵的计算公式为：

$$GE = \sum_{i=1}^{n} n_i\left(\frac{Y_i}{\bar{Y}}\right)\ln\left(\frac{Y_i}{\bar{Y}}\right) \tag{4-7}$$

其中，Y 为各省份的服务业发展指数。

（4）泰尔指数。泰尔指数是荷兰经济学家在 1960 年将信息熵理论应用于收入差距研究时提出的。与基尼系数相比，它可用于衡量不同时间和地区的一系列经济指标的差异。轮胎指数在估计区域差异时可以将区域差异分解为区域内差异和区域间差异，并进一步测量组间差异和组内差异在总差异中所占的比例。泰尔熵标准是普通熵标准的一种特殊情况。

泰尔指数的计算公式为：

$$GE_1(Y) = \frac{1}{n}\sum_{i=1}^{n} \frac{Y_i}{\bar{Y}}\ln\frac{Y_i}{\bar{Y}} \tag{4-8}$$

对数离差均值和泰尔指数都是由经济学家泰尔在 1967 年提出来的，它们的依据都是学习理论学中的熵指概念来计算收入水平之间的差异，其中 n 表示样本个数。接下来，我们对泰尔指数进行分解，具体分解过程如下：

$$E_1(Y) = E_1(Y_1, Y_2, \dots, Y_m) = \frac{1}{n}\sum_{k=1}^{m}\sum_{i=1}^{n_k}\frac{Y_i}{\mu}\ln\frac{Y_i}{\mu} = \sum_{k=1}^{m}\frac{n_k}{n}\frac{\mu_k}{\mu}\frac{1}{n_k}\sum_{i=1}^{n_k}\frac{Y_i}{\mu}\ln\frac{Y_i}{\mu_k} +$$

$$\frac{1}{n}\sum_{k=1}^{m}\sum_{i=1}^{n_k}\frac{\mu_k}{\mu}\ln\frac{\mu_k}{\mu} = \sum_{k=1}^{m}V_k\frac{\mu_k}{\mu}T(Y^k) + \sum_{k=1}^{m}V_k\frac{\mu_k}{\mu}\ln\frac{\mu_k}{\mu} = W + B \tag{4-9}$$

二、服务业发展指数省际差异分析

根据基尼系数、对数离差均值和泰尔指数的公式分别计算出各自的值，实证分析结果如下表所示，可以看出在 2006—2016 年这 11 年里，无论是基尼系数、对数离差均值还是泰尔指数的值都是先降低然后又缓缓上升，这 3 个值都是在 2009 年达到最小，而后上升。但是，3 个指标的变化幅度也会有些不同，可以看出在大部分年份中，对数离差均值和泰尔指数的变动幅度较大，而基尼系数的变动幅度则较小，如在 2011 年，对数离差均值和泰尔指数相对于 2010 年分别上升了 25.67% 和 27.53%，而基尼系数则相对于 2010 年上升了 9.19%，这说明了 2011 年服务业发展指数位于两极的省份的变动幅度较大，而位于中间水平的省份则变动幅度较小，在所考察的年份中（2006—2011 年），泰尔指数的变动幅度最大，其次是对数离差均值的变动幅度，而基尼系数的变动幅度最小，这表明在所考察的年份中，中国服务业发展指数的内部结构并没有发生很大的变化。

结合表 4－3 对基尼系数、对数离差均值和泰尔指数这 3 个对差异指标的变动情况作进一步分析，可以得出在所考察年份中（2006—2011 年），基尼系数的最大值为 0.0741，最小值为 0.0556，平均值为 0.0649；对数离差均值的最大值为 0.0091，最小值为 0.0048，平均值为 0.0069；泰尔指数的最大值为 0.0095，最小值为 0.0049，平均值为 0.0071。

表 4－3　　　　　　　　　对差异指标的变动情况

年份	Gini	GE_0	GE_1	Gini 增长率（%）	GE_0 增长率（%）	GE_1 增长率（%）
2006	0.0633	0.0066	0.0068			
2007	0.0594	0.0058	0.0059	－6.0980	－12.1951	－13.4417
2008	0.0623	0.0063	0.0065	4.8789	9.5486	10.0683
2009	0.0556	0.0048	0.0049	－10.8117	－23.6133	－24.4961
2010	0.0580	0.0053	0.0053	4.3525	9.1286	9.6509
2011	0.0634	0.0066	0.0068	9.1865	25.6654	27.5281
2012	0.0658	0.0071	0.0073	3.9148	7.8669	7.7827
2013	0.0691	0.0077	0.0080	5.0281	8.4152	8.3106
2014	0.0701	0.0080	0.0082	1.4030	2.9754	3.0189
2015	0.0741	0.0088	0.0091	5.6625	10.5528	10.7448
2016	0.0723	0.0091	0.0095	－2.4433	3.8636	5.1819

图 4－1 为 2006—2016 年这 11 年间基尼系数、对数离差均值和泰尔指数的变动情况，可以明显看出 3 个指标都呈现出先下降后上升的趋势，3 个指标的轨迹呈 U 形，2008—2009 年这期间基尼系数、对数离差均值和泰尔指数 3 个指标均下降明显，并在 2009 年 3 个指标均达到了最小值，这可能是因为在 2008 年全球爆发金融危机，从而对中国的服务业造成了一定的负面影响，而中国服务业发达的地区主要是京津冀、长三角和珠三角地区，这 3 个地区均处于东部沿海地区，也是中国对外开放程度最高的地方，因此这 3 个地区或者说东部沿海地区受到金融危机的影响程度要高于中西部地区，故在 2008—2009 年这段时期，中国服务业发展指数的地区差异不管是上层水平，下层水平还是中间水平均有一定幅度的下降，但是在 2009 年之后随着全球经济的复苏，东部沿海服务业发达地区的服务业也迅速复苏，因此在 2009 年之后，基尼系数、对数离差均值和泰尔指数 3 个指标均有一定幅度的回升（参见图 4－1）。

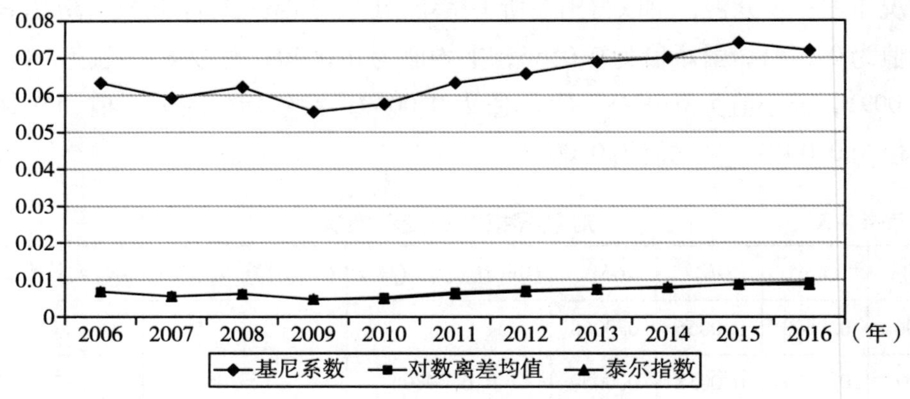

图 4-1　服务业发展指数差异

三、服务业发展指数东中西差异分析

在划分东、中、西部方面根据国家发展与改革委员会的解释，中国东、中、西部的划分不是按照行政区划，更不是按照地理差别的划分，而是根据政策上的划分，所以东部地区就是那些最早实行开放政策，经济发展水平较高的省域、中部地区则是那些经济发展次发达省域，而西部就是那些经济欠发达省域，这种以东部、中部和西部三大经济区域的划分有较强的实践价值，且为大部分研究者所接受，故我们将按经济地带将中国划分为东部、中部和西部三个区域，我们只研究30个省份，不包括西藏、澳门、香港和台湾，具体划分如表4-4所示。

表4-4　　中国东中西部省份构成

区域	各区域所含省份
东部	北京、天津、河北、辽宁、上海、江苏、浙江、福建、山东、广东、海南
中部	山西、吉林、黑龙江、安徽、江西、河南、湖北、湖南
西部	广西、内蒙古、重庆、四川、贵州、云南、陕西、甘肃、青海、宁夏、新疆

接下来，我们通过对全国和东中西部各区域的服务业发展指数的整理计算，可以得到各区域在2016—2016年的平均数、中位数和标准差，统计结果如下表4-5所示。

表 4－5 2006—2016 年全国、东部、中部、西部的服务业发展指数统计特征

地区	平均数	中位数	标准差
全国	87. 8139	84. 7643	10. 6982
东部	98. 5802	98. 5573	12. 8998
中部	83. 2502	82. 2185	9. 2170
西部	80. 3667	80. 7275	9. 7898

从表 4－5 可以看出，东部地区在 2006—2016 年的服务业发展指数的平均值为 98. 5802，远远高于中部地区和西部地区，中部和西部服务业发展指数的平均值分别为 83. 2502 和 80. 3667，差异较小，同样中位数也是如此，东部地区遥遥领先于中西部地区，而中部和西部差异很小。在标准差方面，东部地区的标准差较大，为 12. 900，这表明中国东部地区的服务业发展指数的波动相比于中西部地区更大，这从上文中的服务业发展指数差异的折线图中也可以看出，东部地区靠海，对外开放水平相较于中西部地区要高很多，故受到全球经济影响的程度也就越大，所以东部地区服务业发展指数的标准差要比中西部地区的高很多。同时我们根据泰尔指数和对数离差均值的计算式可得服务业发展指数区域差异的测算结果，测算结果如下表 4－6 所示。

表 4－6 2006—2016 年基于对数离差均值分解的三大区域服务业发展指数差异

年份	东部地区	中部地区	西部地区	区域间差异	区域内差异	总差异	区域间差异占比
2006	0. 0047	0. 0006	0. 0011	0. 0043	0. 0023	0. 0066	0. 6540
2007	0. 0038	0. 0005	0. 0012	0. 0038	0. 0020	0. 0058	0. 6580
2008	0. 0047	0. 0009	0. 0015	0. 0038	0. 0025	0. 0063	0. 6022
2009	0. 0024	0. 0008	0. 0014	0. 0032	0. 0017	0. 0048	0. 6577
2010	0. 0030	0. 0008	0. 0016	0. 0033	0. 0019	0. 0053	0. 6350
2011	0. 0046	0. 0005	0. 0012	0. 0044	0. 0022	0. 0066	0. 6611
2012	0. 0052	0. 0006	0. 0013	0. 0046	0. 0025	0. 0071	0. 6452
2013	0. 0050	0. 0009	0. 0016	0. 0051	0. 0027	0. 0077	0. 6533
2014	0. 0061	0. 0013	0. 0018	0. 0048	0. 0032	0. 0080	0. 5967
2015	0. 0069	0. 0016	0. 0020	0. 0051	0. 0037	0. 0088	0. 5784
2016	0. 0090	0. 0010	0. 0009	0. 0052	0. 0039	0. 0091	0. 5722
均值	0. 0050	0. 0009	0. 0014	0. 0043	0. 0026	0. 0069	0. 6285

由表4－6和表4－7的实证分解结果可以看出，在2006—2016年这段观测期间，东部、中部和西部三个区域的对数离差均值的平均值分别为0.0047、0.0006和0.0011，3个区域的泰尔指数的平均值分别为0.0050、0.0009和0.0014，从整体上来看，服务业发展指数差异最大的是东部地区，其次是西部地区，中部地区的差异最小，另外从变动趋势来看，东部地区无论是对数离差均值还是泰尔指数都呈现出先下降后上升的走势，两个指标均在2009年达到最低，而后缓缓上升，而中部地区的这两个指标则呈现先上升后下降而后又上升的走势，两个指标在2011年均大幅下降，而后在2013年强力反弹；西部地区的这两个指标走势类似于中部地区，也是先上升后下降然后又上升的走势。

表4－7　2006—2016年基于泰尔指数分解的三大区域服务业发展指数差异

年份	东部地区	中部地区	西部地区	区域间差异	区域内差异	总差异	区域间差异占比
2006	0.0046	0.0006	0.0011	0.0043	0.0024	0.0068	0.6411
2007	0.0037	0.0005	0.0012	0.0038	0.0020	0.0059	0.6536
2008	0.0047	0.0009	0.0015	0.0038	0.0026	0.0065	0.5938
2009	0.0024	0.0008	0.0014	0.0032	0.0017	0.0049	0.6550
2010	0.0030	0.0008	0.0016	0.0034	0.0020	0.0053	0.6311
2011	0.0045	0.0005	0.0012	0.0044	0.0024	0.0068	0.6505
2012	0.0051	0.0006	0.0013	0.0047	0.0027	0.0073	0.6349
2013	0.0049	0.0009	0.0016	0.0051	0.0028	0.0080	0.6440
2014	0.0059	0.0013	0.0018	0.0048	0.0034	0.0082	0.5885
2015	0.0068	0.0016	0.0021	0.0052	0.0039	0.0091	0.5689
2016	0.0088	0.0010	0.0009	0.0053	0.0042	0.0095	0.5566
均值	0.0050	0.0009	0.0014	0.0044	0.0027	0.0071	0.6198

对于东部、中部和西部这三大区域间的服务业发展指数差异，2006—2016年对数离差均值的平均值为0.0043，占总差异的比例为62.85%（参见图4－2）；泰尔指数的均值为0.0044，占总差异的比例为61.98%（参见图4－3），如果分时段来看，那么在2006—2010年这段期间三大区域间的服务业发展指数差异的对数离差均值的平均值为0.00368，占总差异的比例为64.14%，泰尔指数平均值

为0.0037，占总差异的比例为63.49%；2011—2016年这段期间三大区域的服务业发展指数差异的对数离差均值的平均值为0.0049，占总差异的比例为61.78%，泰尔指数的平均值为0.0037，占总差异的比例为63.49%。基于此，我们可以得到如下结论：

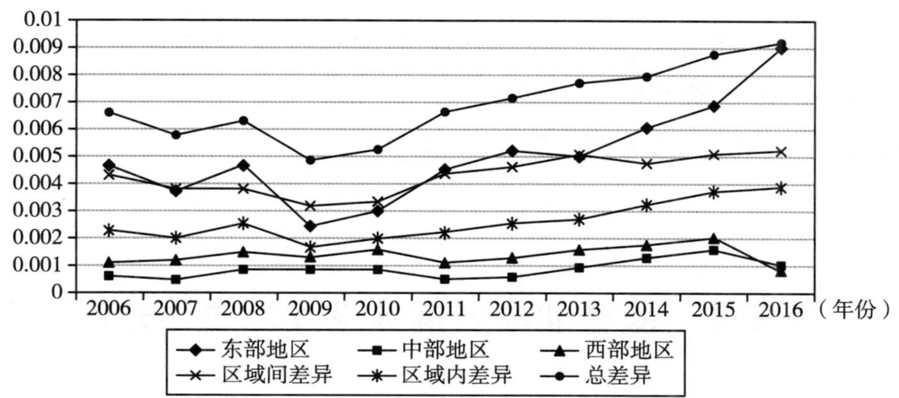

图4－2　对数离差均值

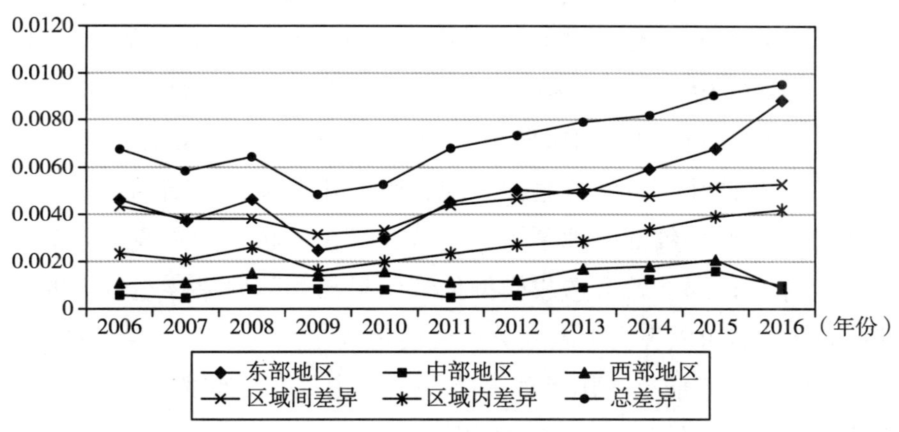

图4－3　泰尔指数

第一，从总体上看，东部、中部和西部的服务业发展指数差异有着明显的阶段性特征，在2006—2010年即在观测期的前5年，三大区域的服务业发展指数差异较小，而在2011—2016年即在观测期的后6年，三大区域的服务业发展指数差异较大。

第二，分时段来看，在2006—2010年，东部、中部和西部三大区域间的服务业发展指数呈现总体下降的趋势，但在2010年以后即在2011—2016年间，三大区域的服务业发展指数呈现总体上升的发展趋势。

第三，从区域间差异和区域内差异占总差异的比重来看，东部、中部和西部这三大区域服务业发展指数的区域间差异均占比较大，其中基于对数离差均值分解的三大区域的服务业发展指数的区域间差异只有在2014—2016年这3年占总差异的比重稍低于60%，其他年份区域间差异占总差异的比重均高于60%，而基于泰尔指数分解的三大区域的服务业发展指数的区域间差异占总差异的比重在2006—2016年期间也均高于50%，过半年份高于60%，这表明东中西部的区域间差异对总差异的贡献度一直占据主体地位。

第三节　服务业发展指数空间相关性分析

运用Stata软件测算出2006—2016年间中国30个省份（西藏数据缺失）服务业发展指数的全局莫兰指数，结果如表4－8所示，可以看出2006—2016年间，中国服务业发展指数的莫兰指数均为正数，莫兰指数的范围在0.177—0.319之间，除了2014年在10%的显著性水平下显著外，其余年份都在5%的显著性水平下显著，这说明中国服务业发展指数在空间上表现出非常强的空间正相关性，具有较强的空间聚集性表现，服务业发展指数高的省份聚集在一起，而服务业发展指数低的地区也倾向于聚集在一起，如果我们忽略了空间效应因素的存在，那么就会造成模型估计结果与实际效果存在较大的偏差。

Moran's I指数可以表明中国服务业发展指数在空间分布上存在着明显的空间相关性，但这并不能反映出具体是哪些省份出现了高值或低值的空间聚集，故本书将用莫兰散点图来进一步考察中国服务业发展指数空间分布的局部特征。通过Stata软件得出2006年、2011年、2016年和11年平均的莫兰散点图，如图4－4所示，可以看出北京、天津、上海、江苏、浙江、福建、山东这7个省份在所考察的11年里均位于第一象限，这意味着中国各地区的服务业发展指数在东部沿海地区呈现出高值包围高值的特征，同时中西部大多省份均在第三象限，这反映出中国各地区的服务业发展指数在中西部地区呈现出低值包围低值的情况，空间聚集现象明显（参见表4－8）。

通过指数解析表4－9和莫兰散点图4－4的分析可以看出中国服务业发展指

数存在着较强的空间相关性，某个省份的服务业发展指数不仅受到自身的影响还会受到相邻省份的影响，一个省份的服务业发展并不是孤立的。因此，为了保证我们所研究的结果真实可靠，我们在研究中国服务业发展指数的时候引入空间计量模型也是十分有必要的。

表 4－8　　中国各省份服务业发展指数的 Moran's I 指数值

年份	I	E（I）	sd（I）	Z	P 值
2006	0.210	－0.034	0.111	2.201	0.028
2007	0.253	－0.034	0.112	2.576	0.010
2008	0.232	－0.034	0.112	2.387	0.017
2009	0.319	－0.034	0.112	3.163	0.002
2010	0.249	－0.034	0.112	2.532	0.011
2011	0.194	－0.034	0.112	2.039	0.041
2012	0.200	－0.034	0.112	2.093	0.036
2013	0.194	－0.034	0.112	2.041	0.041
2014	0.177	－0.034	0.112	1.886	0.059
2015	0.195	－0.034	0.112	2.050	0.040
2016	0.197	－0.034	0.111	2.079	0.038

表 4－9　　Moran's I 指数散点图解析表

区间	2006 年	2011 年	2016 年	2006～2016 年平均
第一象限 HH	北京、天津、河北、上海、江苏、浙江、福建、山东	北京、天津、上海、江苏、浙江、福建、山东	北京、天津、上海、江苏、浙江、福建、山东	北京、天津、上海、江苏、浙江、福建、山东
第二象限 LH	安徽、江西、广西、海南	安徽、江西、广西、河北、海南	安徽、江西、广西、河北、海南、湖南	安徽、江西、广西、河北、海南
第三象限 LL	湖南、湖北、重庆、陕西、山西、内蒙古、河南、贵州、云南、黑龙江、吉林、甘肃、青海、宁夏、新疆	湖北、重庆、陕西、山西、内蒙古、贵州、云南、黑龙江、吉林、甘肃、湖南、四川、河南、青海、宁夏、新疆	湖北、重庆、陕西、山西、内蒙古、贵州、云南、黑龙江、吉林、甘肃、辽宁、四川、青海、宁夏、新疆	湖北、重庆、陕西、山西、内蒙古、贵州、云南、黑龙江、吉林、甘肃、湖南、四川、青海、宁夏、新疆
第四象限 HL	广东、辽宁	广东、辽宁	广东、河南	广东、辽宁

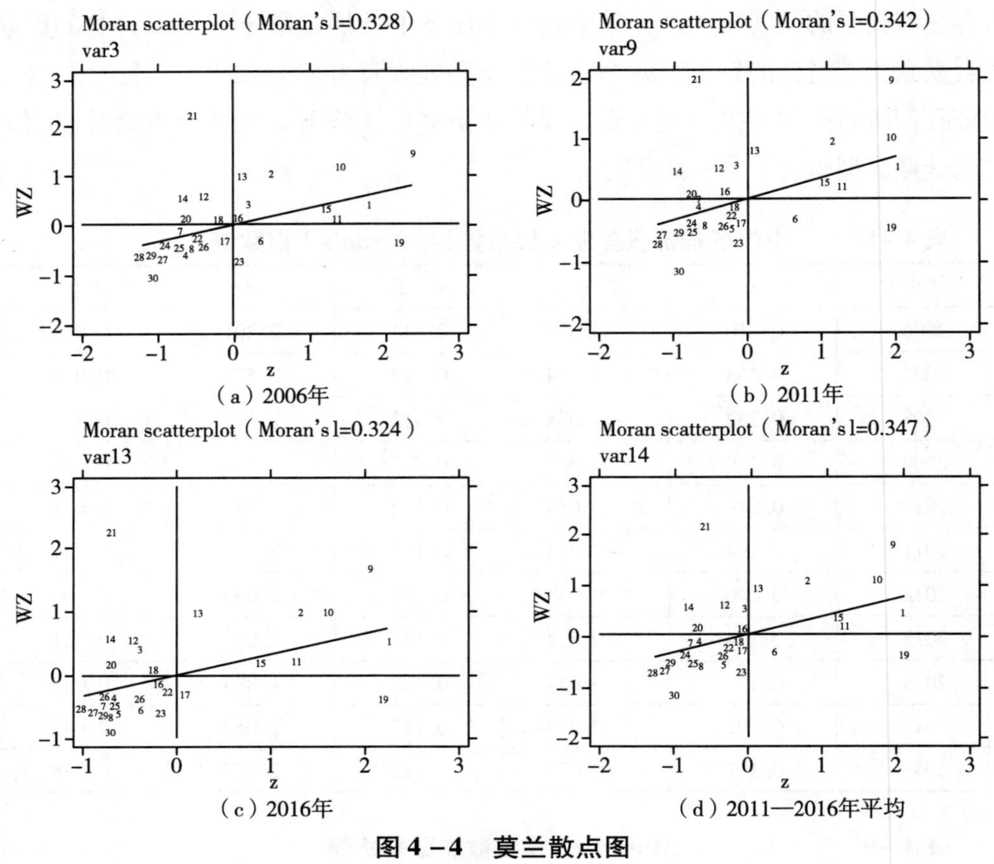

（a）2006年　（b）2011年

（c）2016年　（d）2011—2016年平均

图4-4　莫兰散点图

第四节　结论与建议

本章首先通过对数离差均值、泰尔指数和基尼系数来分析2006—2016年这11年间中国服务业发展指数的总体差异，并将中国各省份划分为东西部三个区域来进一步分析各区域的差异性，根据上文的实证分析结果，我们可以将2006—2016年这11年中国服务业发展水平的区域差异总体特征归纳如下：

第一，中国服务业发展水平的空间格局主要表现为东部地区高于中西部地区，沿海地区高于内陆地区，总体呈现出从东部地区向中西部地区逐渐降低的趋势。服务业发展平均水平排名前10的省份分别是上海、北京、天津、广东、江苏、浙江、山东、辽宁、福建、湖北，其中有9个来自东部地区，排名后10的省份分别是黑龙江、贵州、云南、吉林、广西、宁夏、江西、甘肃、新疆、青海，全部是中西部地区，此外一些省份虽邻近服务业发展较高的地区，但其服务业发展却仍处较低水平，比如安徽省和江西省。

第二，2006—2016 年，省域服务业发展差异变化幅度小，差异格局未发生显著改变，三大区域服务业发展差异表现为东部地区差异较大，西部次之，中部最小，其中东部和西部地区差异变化幅度小，中部变化幅度较大，且东部地区差异具有下降趋势，而中部地区具有上升趋势。从区域服务业来看，区域间差异占总差异的比重超过 55%，占总差异的主体地位，区域间差异是造成中国服务业发展差异的主要原因。

然后采用 Moran's I 指数来反映各省份间是否存在着空间相关性，2006—2016 年各省份的 Moran's I 指数测算结果表明中国服务业发展指数在空间分布上存在着明显的全局空间相关性，全局空间自相关并不能反映服务业发展水平存在着局部的空间相关性，因此还引入了 Moran's I 散点图，本章通过 Stata 软件得出 2006 年、2011 年、2016 年和 11 年平均的 Moran's I 散点图，Moran's I 散点图的结果显示中国服务业发展具有显著的空间正相关特征，主要表现为“高—高”集聚和“低—低”集聚，目前已形成以北京、上海、江苏为核心的“高—高”集聚区，以青海、新疆、宁夏、云南、甘肃、贵州等为主的“低—低”集聚区，以及以广东、辽宁为主的“高—低”集聚区。

基于本书的实证研究结论和相关分析，提出以下具体政策建议：

一是充分认识中国服务业发展非均衡化和空间正相关性特征，找到自身发展短板，欠发达地区学习借鉴发达地区的发展模式和经验，不断克服发展瓶颈，并从宏观角度制定差异化发展战略和政策措施。东部地区应借助自身良好的环境优势，不断加强服务业的发展，缩小发展差异；中部地区应不断加强与东部地区的交流，引进东部地区优势产业，积极开拓服务业发展的新空间，推动自身服务业的发展；西部地区应加强内部合作，发展联合产业，共同实施对外开放政策，实现共同发展，共同进步。

二是要高度重视中国服务业发展的空间相关性和非均衡化特征。一方面，由于中国服务业发展水平具有显著的正向空间相关性和集聚效应，各省份的服务业发展水平受相邻省份影响，因此要加强相邻地区交流合作，通过跨地区的合作与交流，构建常态化、全方位、多领域的地区服务业交流合作机制，建立省级层面的定期会商和沟通制度，有效发挥区域政策协同效应和服务业高水平地区的示范带头作用。

第五章　中国服务业发展指数空间收敛性分析

在第四章的分析中，我们得出了中国服务业发展存在着明显的空间相关性，接下来我们将引入空间计量模型来分析中国的服务业发展指数是否存在着空间收敛性，在新古典经济增长模型中，收敛性被定义为：从长远来看，经济落后地区在发展过程中会逐渐向发达地区靠拢。传统的收敛性分析方法并没有考虑到空间效应对结果的影响，这往往会导致回归结果有偏。因此，本章将在传统模型的基础上引入空间效应因素，从而使结果更加准确。

第一节　控制变量选取与模型设定

一、控制变量选取

收敛性研究中条件β收敛是在考虑各个地区的异质性后，随着时间的推移，各个地区的服务业发展水平会收敛到各自的稳态水平，而不是相同的稳态水平。因此在具体考察服务业发展指数条件β收敛的时候，需要设置若干相关的控制变量，借鉴相关文献的研究，本书选择的控制变量包括以下四个：

（1）人力资本存量（education，EDU），是经济生产的投入钥匙，直接存于经济生产过程，人力资本存量的增加及劳动者素质的提高会引起劳动生产率的提高，从而增加产出。衡量地区人力资本水平，用大专以上学历人口占地区常住人口的比重表示，反映该地区人力资本存量对服务业发展的影响。何永达（2015）认为人力资本可以吸引企业和资源进入，对服务业发展起到促进作用。

（2）人口密度（density of population，DoP），是衡量某个地区人口的密集程度的指标，用单位地区土地面积上常住人口数表示，人口密度的衡量单位一般有人/平方公里和人/公顷。彭昱、周伊（2016）、方远平和周雁（2012）通过实证研究发现人口密度对服务业发展具有较大的正向影响。

（3）政府影响力（government，GOV），反映地区政府对当地市场的影响程度，用一般预算支出占地区生产总值的比值来表示。市场需要政府一定程度的干预，但是如果政府过度干预市场往往会在一定程度上扭曲市场机制，造成不利影响。郝宏杰（2007）运用空间杜宾模型验证了地方财政支出对本地区的服务业增长有着明显的促进作用。

（4）外贸依存度（OPEN），用进出口总额占地区生产总值的比值来表示，以衡量地区的开放程度。外贸依存度不仅可以反映地区经济依赖于对外贸易的程度，而且在一定程度上反映了该地区经济发展水平与国际经济的参与程度。杨玉英（2010）从需求和供给两个角度分析了影响服务业的因素，结果表明外贸依存度对服务业的发展具有较大影响。

二、模型设定

上一章的分析表明中国服务业发展存在着明显的空间相关性，接下来我们将引入空间计量模型来分析中国的服务业发展指数是否存在着空间收敛性，在新古典经济增长模型中，收敛性被定义为：从长远来看，经济落后地区在发展过程中会逐渐向发达地区靠拢。传统的收敛性分析方法并没有考虑到空间效应对结果的影响，这往往会导致回归结果有偏。因此，本章将在传统模型的基础上引入空间效应因素，从而使结果更加准确。

（一）σ 收敛的模型

σ 收敛是对收敛概念的直观理解，就是说如果各省份地区间的服务业发展指数差距是减小的，那么就存在 σ 收敛，反之则不存在 σ 收敛。本书用各省份间服务业发展指数的标准差来反映其差距的变化趋势，具体公式为：

$$\sigma_t = \sqrt{\frac{1}{n}\sum_{i=1}^{n}\left(\ln Y_{i,t} - \frac{1}{n}\sum_{i=1}^{n}\ln Y_{i,t}\right)^2} \qquad (5-1)$$

上述公式中的 $\ln Y_{i,t}$ 表示第 i 个省份在 t 年经过对数化处理后的服务业发展指数，σ_t 表示 n 个省份在 t 年服务业发展指数的标准差，当多个年份出现 $\sigma_{t-1} > \sigma_t$

时，就意味着随着时间的推进，各省份间的服务业发展指数差距变小，即服务业发展指数存在 σ 收敛。

（二）β 收敛的空间计量模型

考虑到空间效应对各省份服务业发展指数的影响后，本章将在传统的空间常系数回归模型的基础上分别建立 β 收敛的空间自相关模型和 β 收敛的空间误差模型。

1. β 收敛的空间自相关模型（SAR）

传统的绝对趋同回归形式为：

$$\ln Y_{i,t+1} - \ln Y_{i,t} = \alpha I + \beta \ln Y_{i,t} + \varepsilon \tag{5-2}$$

在考虑空间效应的影响后，建立绝对 β 收敛的空间自相关模型为：

$$\ln Y_{i,t+1} - \ln Y_{i,t} = \alpha I + \beta \ln Y_{i,t} + \rho W(\ln Y_{i,t+1} - \ln Y_{i,t}) + \varepsilon \tag{5-3}$$

在绝对 β 收敛的空间自相关模型中，i 表示样本中包含的各个省份，$Y_{i,t}$ 表示 i 省份在 t 时期的服务业发展指数，$\ln Y_{i,t+1} - \ln Y_{i,t}$ 表示第 i 个省份服务业发展指数在 t 期的对数增长量，I 是空间单位向量，W 为空间权重矩阵，α、β、λ 分别为相应的待估参数，其中 β 反映的是收敛速度，如果 $\beta > 0$ 且在统计上显著，则说明 i 省份服务业发展指数的年平均增长率与该省份基年的服务业发展指数呈正相关，即服务业发达地区的增长率要比落后地区高，从而空间绝对 β 收敛就不存在；反之，如果 $\beta < 0$，则说明 i 省份服务业发展指数的年平均增长率与该省份基年的服务业发展指数呈负相关，即服务业发达地区的增长率要小于落后地区，从而空间绝对 β 收敛就存在。另外，ρ 表示空间自相关系数，用来衡量相邻省份服务业发展指数的变动对其他省份的影响程度。

服务业发展指数的条件 β 收敛与绝对 β 收敛不同，它承认各省份之间经济特征和稳态值存在着差异，各省份的服务业发展水平趋同与各自的稳态水平，条件 β 收敛的空间自相关模型可以在绝对 β 收敛的空间自相关模型的基础上得到，在绝对 β 收敛的空间自相关模型的基础上加上相关的控制变量即可得到条件 β 收敛的空间自相关模型：

$$\ln Y_{i,t+1} - \ln Y_{i,t} = \alpha I + \beta \ln Y_{i,t} + \rho W(\ln Y_{i,t+1} - \ln Y_{i,t}) + \xi \mu_{i,t} + \varepsilon \tag{5-4}$$

模型中的 $\mu_{i,t}$ 表示所选取的控制变量，ξ 表示控制变量的系数，它可以反映所选取的控制变量对服务业发展指数增长率的影响程度与影响方向，当 $\beta < 0$ 且通过了显著性检验，则说明空间条件 β 收敛性存在，反之，则不存在空间条件 β 收敛性。

2. β 收敛的空间误差模型（SEM）

与β收敛的空间自相关模型不同的是，在β收敛的空间误差模型中，个别省份的空间相关性是由随机扰动项造成的，故绝对β收敛的空间误差模型可以表示为：

$$\ln Y_{i,t+1} - \ln Y_{i,t} = \alpha I + \beta \ln Y_{i,t} + \varepsilon \quad \varepsilon = \lambda W\varepsilon + \mu \tag{5-5}$$

在绝对β收敛的空间误差模型中，i表示样本中包含的各个省份，$Y_{i,t}$表示i省份在t时期的服务业发展指数，$\ln Y_{i,t+1} - \ln Y_{i,t}$表示第$i$个省份服务业发展指数在$t$期的对数增长量；$I$是空间单位向量，$\varepsilon$为随机扰动项，$\alpha$、$\beta$、$\lambda$分别为各自的待估参数，$\lambda$表示的是其他省份服务业发展指数的随机扰动项对本省份服务业发展指数增长率的影响。与β收敛的空间自相关模型类似，当$\beta < 0$且在统计上显著时，表示i省份服务业发展指数的增长率与该省份基年的服务业发展指数呈负相关，即服务业发达地区的增长率要小于落后地区，从而β空间绝对收敛就存在，反正则不存在。另外当$\lambda < 0$时，并且在统计学上显著，则表示其他省份的随机扰动项会对i省份的服务业发展指数的增长率产生负面影响，即存在负的空间效应；反之，则存在正的空间效应。

与β收敛的空间自相关模型同理，我们只需要在绝对β收敛的空间误差模型中加入控制项就可以得到条件β收敛的空间误差模型中：

$$\ln Y_{i,t+1} - \ln Y_{i,t} = \alpha I + \beta \ln Y_{i,t} + \xi \mu_{i,t} + \varepsilon \quad \varepsilon = \lambda W\varepsilon + \mu i \tag{5-6}$$

模型中的$\mu_{i,t}$表示所选取的控制变量，ξ表示控制变量的系数，它可以反映所选取的控制变量对服务业发展指数增长率的影响程度与影响方向，当$\beta < 0$且通过了显著性检验，则说明空间条件β收敛性存在，反之，则不存在空间条件β收敛性。

第二节　实证分析过程及结果

一、收敛性检验

（一）σ 收敛性分析

σ收敛是指不同地区服务业发展指数的差距随时间的推移而趋于缩小。本书描述和刻画σ收敛使用服务业发展指数对数值的标准差，称为σ收敛指数。根据上文测算的2006—2016年全国各省份服务业发展指数得分，分别计算全国、东部、中部和西部地区σ收敛指数，并绘制成折线图。

由图5-1可知，全国、东部、中部和西部地区σ收敛指数在整体上均呈现先下降后上升的趋势，底部出现在2010—2011年期间，表明中国各地区服务业发展指数在2006—2016年样本期内不存在明显的σ收敛，但存在着阶段性σ收敛。具体来说，全国σ收敛指数从2006年开始逐年下降至2011年的0.02，达到最低，然后上升至2016年的0.18；东部地区的σ收敛指数从2006年开始下降至2011年的0.02，再上升至2016年的0.19；中部地区的σ收敛指数从2006年开始下降至2010年的0.01，再上升至2016年的0.16；西部地区σ收敛指数从2006年开始逐年下降至2011年的0.02，再上升至2016年的0.17。

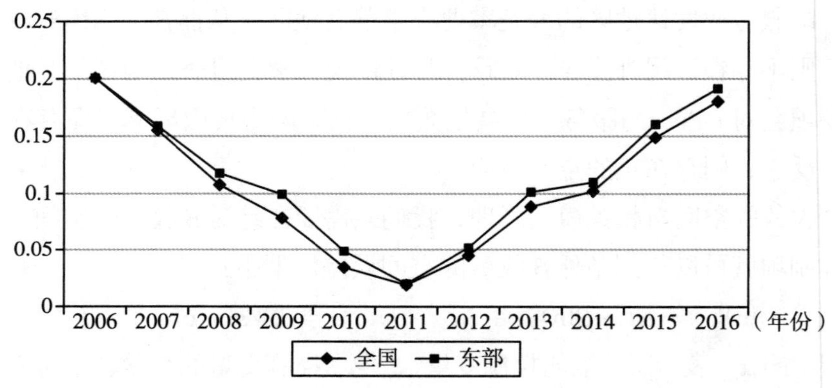

图5-1　2006—2016年服务业发展指数σ指数走势图

（二）绝对β收敛性分析

虽然空间计量模型将地理区域之间的空间效应引入了模型中，但空间计量模型有很多种，常见的空间计量模型有：空间误差模型（SEM）、空间自回归模型（SAR）、空间杜宾模型（SDM）等等，在实证分析中，不同的空间计量模型有着不同的分析效果，因此我们应该根据所要研究的对象选择最合适的空间计量模型。在本章中，我们主要通过拉格朗日乘数检验（LM）来选择合适的空间计量模型，LM检验主要是通过LM-lag、LM-error、Robust LM-lag和Robust LM-error这四个统计量来判断的，首先观察LM-lag、LM-error这两个统计量是否显著，如果这两个统计量都不显著，那么我们可以用最小二乘线性回归来进行分析，如果只有LM-lag显著，而LM-error不显著，那么我们就用SAR模型来进行分析，反之如果只有LM-error显著，而LM-lag不显著，那么我们就用空间误差模型（SEM）来进行分析，最后如果 LM－lag、LM－error 这两个统计量均显著，那么我们就要考虑它们的稳健形式 Robust LM－lag 和 Robust LM－error 这两个统计量，如果 Robust LM－lag 显著而 Robust LM－error 不显著，那么我们就用 SAR 模型来进行分析，反之如果 Robust LM－error 显著而 Robust LM－lag 不显著，那么我们就用空间误差模型（SEM）来进行分析，如果 Robust LM－lag 和 Robust LM－error 这两个统计量都显著，那么我们就选择更显著的那个。

绝对 β 收敛表明在其他条件相同的条件下，各地区会随着时间的推移，最终达到完全相同的稳态水平。加入空间效应后，空间自回归模型（SAR）或空间误差模型（SEM）可用于绝对 β 收敛性分析，用拉格朗日乘数检验（LM）来观察模型的适用性。对全国而言，LM 检验结果如表 5－1 所示：

表 5－1　　拉格朗日乘数检验（LM）结果

检验方法	统计量	P 值
Lagrange multiplier（error）	6.961	0.008
Robust Lagrange multiplier（error）	7.751	0.005
Lagrange multiplier（lag）	0.008	0.931
Robust Lagrange multiplier（lag）	0.798	0.372

拉格朗日乘数检验（LM）结果表明，LM－lag 统计量并不显著，而 LM－error 统计量在 1% 的水平下显著，从上文分析结果可知空间误差模型（SEM）更适合用于绝对 β 收敛分析。服务业发展指数绝对 β 收敛结果如表 5－2 所示：

表 5－2　　服务业发展指数绝对 β 收敛结果

模型	SAR 模型				SEM 模型			
	全国	东部	中部	西部	全国	东部	中部	西部
β	－0.3918*** (0.000)	－0.0375* (0.090)	－0.0603*** (0.001)	－0.0443*** (0.002)	－0.0741*** (0.000)	－0.0493* (0.070)	－0.1201*** (0.000)	－0.0736*** (0.001)
ρ	－0.3779*** (0.000)	0.1565 (0.147)	0.4427*** (0.000)	0.3429*** (0.001)	—	—	—	—
λ	—	—	—	—	－0.4145*** (0.000)	0.1818 (0.101)	0.4742*** (0.000)	0.3814*** (0.000)
LogL	735.7329	240.6734	215.5001	297.6552	738.3931	240.9622	216.8473	298.6011
R^2	0.0756	0.0276	0.1957	0.1278	0.0856	0.0311	0.2051	0.1376

注：*、**、*** 分别表示在 10%、5% 和 1% 的水平下显著，括号里的值为 P 值。

由表 5 - 2 可知，无论是空间自回归模型（SAR）还是空间误差模型（SEM），全国、东部、中部和西部地区的β系数均为负数，并通过显著性检验，说明全国及三大区域服务业发展存在着绝对β收敛。空间误差（SEM）模型的结果显示，全国、东部、中部和西部地区的服务业发展指数收敛速度①分别为 0.77%、0.46%、1.16%、0.69%，中部收敛速度最快，西部次之，东部最慢。这说明服务业发展水平较高的东部地区具有较慢的收敛速度，而服务业发展水平较低的中西部地区具有较高的收敛速度，即在其他条件相同的情况下，服务业发展水平较低的中西部省份服务业发展水平会向服务业发展水平较高的东部省份趋近，中国服务业发展水平存在着绝对β收敛。

（三）服务业发展指数的条件β收敛性分析

与绝对β收敛一样，在进行条件β收敛分析之前首先要选择适合的空间计量模型，对全国而言，LM 检验结果如表 5 - 3 所示：

表 5 - 3　　拉格朗日乘数（LM）检验结果

检验方法	统计量	P 值
Lagrange multiplier（error）	7.388	0.007
Robust Lagrange multiplier（error）	4.395	0.036
Lagrange multiplier（lag）	3.453	0.063
Robust Lagrange multiplier（lag）	0.460	0.497

拉格朗日乘数检验（LM）结果表明，LM - error 的统计量为 7.388，P 值为 0.007，P 值小于 1%，即 LM - error 的统计量在 1% 的水平下显著，而 LM - lag 的统计量的 P 值小于 10% 大于 5%，即 LM - lag 的统计量在 10% 的水平下显著，尽管两个统计量均显著，但是 LM - error 统计量更为显著，故本书在分析服务业发展指数空间条件β收敛性的影响因素时以空间误差模型（SEM）为主。服务业发展指数条件β收敛结果如表 5 - 4 所示。

由表 5 - 4 可知，在引入相关控制变量后，无论是空间自回归模型（SAR）还是空间误差模型（SEM），全国、东部、中部和西部地区的β系数均为负数，且通过了显著性检验，其中，全国、东部和西部地区β系数在 1% 的显著性水平下显著，显著性较强，而中部地区的β系数则在 5% 的显著性水平下显著，中部

① $|\beta| = 1 - e^{-\theta T}$，其中，$\theta$为收敛速度，$T$为样本数据考察期的长度，则收敛速度 $\theta = -\frac{1}{T}\ln(1 - |\beta|)$

表 5－4　服务业发展指数条件 β 收敛结果

模型	变量	全国	东部	中部	西部
SAR 模型	β	－0.1768*** (0.000)	－0.2608*** (0.000)	－0.1436** (0.024)	－0.1623*** (0.000)
	ρ	0.0351*** (0.000)	0.0666* (0.0531)	0.4417*** (0.000)	0.2977*** (0.005)
	$\ln(EDU)$	0.0165** (0.052)	0.02 (0.986)	0.0042 (0.771)	0.0152 (0.119)
	$\ln(DoP)$	0.2077*** (0.000)	0.1818** (0.011)	0.1120 (0.386)	0.2387** (0.011)
	$\ln(GOV)$	0.0382** (0.02)	0.0852** (0.023)	0.0463 (0.167)	0.0322* (0.095)
	$\ln(OPEN)$	0.007 (0.191)	－0.049** (0.011)	－0.0029 (0.737)	－0.00003 (0.996)
	$LogL$	756.3725	250.5637	216.8847	302.9445
	R^2	0.0187	0.2026	0.2292	0.2322
SEM 模型	β	－0.2359*** (0.000)	－0.2659*** (0.000)	－0.1687** (0.013)	－0.1824*** (0.000)
	λ	0.4447*** (0.000)	0.0754 (0.523)	0.4969*** (0.000)	0.3366*** (0.003)
	$\ln(EDU)$	0.0151* (0.078)	－0.0016 (0.943)	－0.0109 (0.465)	0.1648 (0.103)
	$\ln(DoP)$	0.2680*** (0.000)	0.1737** (0.017)	0.0603 (0.674)	0.2353** (0.012)
	$\ln(GOV)$	0.0442** (0.013)	0.0886** (0.020)	0.0513 (0.127)	0.0248 (0.273)
	$\ln(OPEN)$	－0.0117** (0.040)	－0.052*** (0.009)	－0.0016 (0.857)	－0.0023 (0.711)
	$LogL$	761.7872	250.5701	218.4739	303.2184
	R^2	0.2095	0.2021	0.2097	0.2234

注：*、**、*** 分别表示在 10%、5% 和 1% 的水平下显著，括号里的值为 P 值。

地区的显著性相比东、西部地区较弱。全国、东部、中部和西部地区的β系数均通过显著性检验表明全国及三大区域服务业发展指数存在着显著的条件β收敛，即随着时间的推移，中国各地区由于人力资本存量、人口密度、政府影响力和外贸依存度的不同，其服务业发展水平会趋向于各自的稳态水平，而不是相同的稳态水平。全国和三大区域的条件β收敛模型的$LogL$和R^2均有所提高，表明条件β收敛比绝对β收敛更具有解释能力。

从全国角度看，空间误差模型（SEM）的β系数为－0.2359，收敛速度为2.7%，比绝对β收敛的速度高1.9个百分点。人力资本存量、人口密度、政府影响力、外贸依存度四个控制变量均通过显著性检验，系数分别为0.0151、0.2680、0.0442、－0.0117。这表明人力资本存量、人口密度、政府影响力对服务业发展指数收敛具有显著的正向作用，而外贸依存度对服务业发展指数收敛具有显著的负向影响。这是因为就人力资本存量而言，服务业特别是现代服务业对人力资本要求较高，而服务业发展落后省份的人力资本水平普遍落后于发达地区，人力资本存量的提高会使得这些省份拥有更高的服务业边际产出，从而促进各省份服务业收敛；就人口密度而言，人口密度高的地区相比于人口密度低的地区具有更高的消费能力与水平，从而促进了服务业的发展；就政府影响力而言，服务业投资的选址往往偏好于交通发达，基础设施配套齐全的现代化地区，而政府支出主要集中在交通和基础设施等领域，政府影响力大的省份具有更为发达的交通网络和更为完善的基础设施，从而促进了人口流动和商务往来，服务业也就更加发达；就外贸依存度而言，产业结构对外贸依存度具有较大影响，中国对外贸易以货物贸易为主，服务贸易占比较低，货物贸易越发达，带动制造业走强，第二产业在国民经济的比重提高，服务业对经济的贡献度会有所减弱，在一定程度上抑制了各省份服务业发展指数收敛。

从区域角度看，无论是空间自回归模型（SAR）还是空间误差模型（SEM），东部、中部及西部地区系数均为负数，且通过显著性检验，表明三大区域服务业发展指数均存在条件β收敛。东部地区的人口密度、政府影响力、外贸依存度通过了显著性检验，中部地区四个控制变量均未通过显著性检验，西部地区人口密度、政府影响力通过了显著性检验，表明各地区因经济社会发展的异质性，服务业发展的驱动因素和收敛情况各不相同，在制定经济发展政策和规划时应区别对待。

从控制变量看，人口密度、政府影响力均通过了全国、东部、西部地区的显著性检验，这说明人口密度的提高，政府影响力的增大有利于减小服务业发展的区域差异。人力资本存量在全国范围内通过了显著性检验，在三大区域均未通过显著性检验，说明人力资本存量对服务业发展的作用未能完全展现。外贸依存度在全国及东部地区通过了显著性检验，说明外贸依存度的下降对服务业发展收敛有一定的促进作用，但在中西部地区对服务业发展的作用不大。

二、稳健性检验

为了进一步检验研究结果的稳健性，考虑到2008年国际金融危机对收敛结果可能造成的影响，本书借鉴田毕飞、陈紫若（2017）的研究方法，分别对2006—2008年和2009—2016年两个时间阶段进行检验，结果显示，2006—2008年和2009—2016年这两个时间段的β系数为负且在1%的水平下显著，中国服务业发展水平存在着绝对β收敛和条件β收敛，表明改变样本时期不影响回归结果的稳健性（参见表5－5、表5－6）。

表5－5　　分时期服务业发展指数绝对β收敛结果

模型	SAR模型		SEM模型	
	2006—2008年	2009—2016年	2006—2008年	2009—2016年
β	−0.1602*** (0.000)	−0.0609*** (0.001)	−0.2953*** (0.002)	−0.1979*** (0.000)
ρ	0.2744** (0.014)	0.4510*** (0.000)	—	—
λ	—	—	0.4208*** (0.002)	0.6279*** (0.000)
LogL	240.2518	536.1229	242.6102	543.5780
R^2	0.1492	0.0681	0.1720	0.0920

注：*、**、***分别表示在10%、5%和1%的水平下显著，括号里的值为P值。

表5－6　　分时期服务业发展指数条件β收敛结果

变量	SAR模型		SEM模型	
	2006—2008年	2009—2016年	2006—2008年	2009—2016年
β	−0.2608*** (0.000)	−0.2059*** (0.000)	−0.4072*** (0.003)	−0.3120*** (0.000)

续表

变量	SAR 模型		SEM 模型	
	2006—2008 年	2009—2016 年	2006—2008 年	2009—2016 年
ρ	0.0666* (0.0531)	0.4224*** (0.000)	—	—
λ	—	—	0.5144*** (0.002)	0.5750*** (0.000)
ln(*EDU*)	0.02 (0.986)	0.0105 (0.265)	-0.1501 (0.517)	0.0086 (0.376)
ln(*DoP*)	0.1818** (0.011)	0.1555** (0.047)	-0.0979 (0.526)	0.2329*** (0.007)
ln(*GOV*)	0.0852** (0.023)	0.1029*** (0.000)	0.7568* (0.054)	0.0862*** (0.001)
ln(*OPEN*)	-0.049** (0.011)	-0.0049 (0.467)	-0.0185 (0.277)	-0.0006 (0.930)
LogL	250.5637	548.3398	240.9530	554.2179
R^2	0.2026	0.1760	0.1799	0.1719

注：*、**、*** 分别表示在 10%、5% 和 1% 的水平下显著，括号里的值为 P 值。

第三节　结论与建议

随着“一带一路”[①] 倡议和“中部崛起”政策的持续深入推进，过去作为对外开放后方的中、西部地区对外开放程度不断提高，受成本上升、政策效应等多方面因素的影响，东部发达地区的资源要素加快向中、西部地区转移和集聚。再加上中国铁路、公路等交通基础设施的不断完善，“互联网+”[②] 战略的

① “一带一路”（The Belt and Road，缩写 B&R）是“丝绸之路经济带”和“21 世纪海上丝绸之路”的简称，2013 年 9 月和 10 月由中国国家主席习近平分别提出建设“新丝绸之路经济带”和“21 世纪海上丝绸之路”的合作倡议。

② “互联网+”是互联网思维的进一步实践成果，推动经济形态不断地发生演变，从而带动社会经济实体的生命力，为改革、创新、发展提供广阔的网络平台。

深入实施，使得中、西部地区与东部发达地区的联系更为紧密，信息沟通、货物运输更加便捷。近年来，中国中、西部地区经济增速高于东部地区，就业人口增多，人民生活水平日益提高，促进了服务业整体发展水平的提高。针对中国服务业空间收敛的演变趋势，可以通过合理配置资源等方式来进一步加强中国区域服务业发展的协调性，以缩小各省份服务业发展的差距。基于本书的实证研究结论和相关分析，具体政策建议包括以下几个方面：

首先，由于发展基础、资源禀赋存在差异，中国各地区服务业发展不平衡，全国及三大区域内的收敛情况也不尽相同，这就需要政府部门要针对各地区自身情况，因地制宜地制定服务业发展政策。

其次，要提高人口密度和人力资本积累。人口密度和人力资本均对促进全国服务业发展收敛具有显著的正向影响。一方面，各地政府要深入实施新型城镇化战略，完善公共管理服务体系，提高城市资源的利用效率和管理水平，引导人口有序流动和合理分布，在资源环境承载的约束条件下促进人口密度的提高；另一方面，“人才是第一资源”，随着中国经济发展进入新时代，服务业创新发展需要更高水平的人力资本积累，各地政府要深入实施人才战略，加大职业教育培训力度，提升人力资本水平。

最后，要提高财政支出的水平和效率。政府影响力对促进全国服务业发展收敛具有显著的正向影响，而提高财政支出水平和效率是增强政府影响力的重要途径，因此各地政府要提升财政支出管理水平。另外，交通、物流等基础设施的发达程度是服务业投资考虑的主要因素之一，考虑到中、西部地区财政收入和基础设施等各方面的基础比较薄弱，与东部发达地区相比教育、医疗、卫生等民生领域的投入也较为不足，中央政府要持续加大对中、西部地区财政转移支付力度和基础设施建设，扩大中、西部地区有效投资，从而促进服务业发展收敛。

第六章　中国服务业发展指数空间溢出效应分析

第五章实证分析了中国服务业发展的空间收敛性，本章在考虑空间效应的基础上，引入基础设施建设、科技水平、工业化水平、开放度和人口密度五个控制变量，基于双固定 SDM 模型研究中国服务业发展的空间溢出效应；并对结论结果进行分析，提出相应的建议。

第一节　控制变量选取与模型设定

一、控制变量选取

在对服务业发展水平空间溢出效应的实证分析中，需要选择控制变量，本章选取如下控制变量：

（1）基础设施建设：基础设施建设是服务业发展的基础条件，对服务业发展具有积极的促进作用。道路的通达性是基础设施建设水平的重要衡量标志之一，因此本章采用道路面积占各地区总面积的比重表示各地区基础设施建设状况，记为 C；

（2）科技水平：科学技术是第一生产力，有利于提高生产效率，降低成本，对服务业发展具有重要的影响。技术市场成交额可以说明一个地区的科技活跃程度，是衡量地区科技水平的重要标志之一，因此本章采用技术市场成交额占地区 GDP 的比重来表示，记为 K；

（3）工业化水平：有关研究表明服务业是从工业中分离出来而作为一个独

立产业的，在中国，工业化和城市化目前正处于加速发展阶段，生产性服务业的需求主体主要是工业和建筑业，可见工业化水平对服务业的发展起着重要的推动作用，故本章将工业化水平纳入模型，记为 G；

（4）开放度：对外开放意味着有更多的机会接触和吸纳国外先进的技术和管理经验，同时有利于服务贸易的快速发展。本章采用外商直接投资总额占地区 GDP 比重来表示，记为 O；

（5）人口密度：人口密度越大，意味着产业更加集聚，消费能力更加强大，对服务业发展具有促进作用。本章采用各省城镇人口数与地区面积之比来表示，记为 M。

表 6－1 是对上述控制变量的进一步说明。

表 6－1　变量说明

	变量记号	变量名称	变量说明
因变量	F	服务业发展水平	
控制变量	C	基础设施建设	道路面积占地区总面积比重
	K	科技水平	技术市场成交额占地区 GDP 比重
	G	工业化水平	工业增加值占地区 GDP 比重
	O	开放度	外商直接投资总额占地区 GDP 比重
	M	人口密度	各省城镇人口数与地区面积之比

二、模型设定

本章构建的普通面板模型为

$$F_{it} = \beta_1 C_{it} + \beta_2 K_{it} + \beta_3 G_{it} + \beta_4 O_{it} + \beta_5 M_{it} + \varepsilon_{it} \tag{6-1}$$

基于普通面板模型加入空间因素，由此构建的空间计量模型如下：

空间滞后模型（SLM）

$$F_{it} = \rho \sum_{j=1}^{n} w_{ij} F_{it} + \beta_1 C_{it} + \beta_2 K_{it} + \beta_3 G_{it} + \beta_4 O_{it} + \beta_5 M_{it} + \mu_i + \alpha_i + \varepsilon_{it} \tag{6-2}$$

空间误差模型（SEM）

$$F_{it} = \beta_1 C_{it} + \beta_2 K_{it} + \beta_3 G_{it} + \beta_4 O_{it} + \beta_5 M_{it} + \mu_i + \alpha_i + u_{it}$$

$$u_{it} = \lambda \sum_{j=1}^{n} w_{ij} u_{it} + \varepsilon_{it} \tag{6-3}$$

空间杜宾模型（SDM）

$$F_{it} = \rho \sum_{j=1}^{n} w_{ij} F_{it} + \beta_1 C_{it} + \beta_2 K_{it} + \beta_3 G_{it} + \beta_4 O_{it} + \beta_5 M_{it} + \beta'_1 \sum_{j=1}^{n} w_{ij} C_{it} + \beta'_2 \sum_{j=1}^{n} w_{ij} K_{it} + \beta'_3 \sum_{j=1}^{n} w_{ij} G_{it} + \beta'_4 \sum_{j=1}^{n} w_{ij} O_{it} + \beta'_5 \sum_{j=1}^{n} w_{ij} M_{it} \mu_i + \varepsilon_{it} + \mu_i + \alpha_i \quad (6-4)$$

上述3种空间计量模型表示3种不同的空间交互效应，SLM模型主要研究本地区控制变量与邻近地区服务业发展对本地区服务业发展的影响；SEM模型主要研究本地区控制变量和空间随机误差项对本地区服务业发展的影响；而SDM模型不仅研究了本地区控制变量和邻近地区服务业发展对本地区的影响，还研究了邻近地区控制变量对本地区服务业发展的作用。

第二节　空间溢出效应实证检验

一、模型检验

上述介绍的3种空间计量模型代表了3种不同的空间效应，需要通过相关检验才能确定中国服务业发展存在何种空间效应。空间滞后模型和空间误差模型的选择准则主要依靠拉格朗日乘数检验（LM检验）以及稳健的拉格朗日乘数检验（Robust LM检验）。

对普通面板OLS估计得到的残差序列进行LM检验，得到结果如表6－2，可以看出，LM_error值为251.266，LM_lag值为65.929，均通过显著性检验，且Robust LM_error值为203.507，Robust LM_lag值为18.169，也均通过了显著性检验，根据相关判别准则，得知选择SEM模型或SLM模型均可。

表6－2　LM检验结果

模型	统计量	检验值	P值
SEM	LM_error	251.266	0.000
	Robust LM_error	203.507	0.000
SLM	LM_lag	65.929	0.000
	Robust LM_lag	18.169	0.000

由于LM检验并未给出SDM模型的适用性，可根据Burridge提出的判别准则似然比检验（LR检验）来判断SDM模型是否可以简化为SLM或SEM模型。利用stata软件，得结果如表6-3所示，可以看出LR_SEM和LR_SLM统计量的P值均通过了1%的显著性检验，均拒绝了原假设，即表明SDM模型不能简化为SLM或SEM模型。

表6-3　　　　LR检验结果

统计量	检验值	P值
LR_SEM	19.97	0.0013
LR_SLM	15.53	0.0083

以上分析说明利用SDM模型研究中国服务业发展空间溢出效应是科学合理的。

二、模型估计

（一）SDM模型估计

面板数据包含两类模型，固定效应和随机效应，固定效应又可分为空间固定、时间固定和时间空间双固定效应模型。

固定效应和随机效应的选择一般通过Hausman检验来完成，但通常的做法是，当对指定个体进行样本回归分析时，固定效应模型则更为合适，由于论文的研究对象为中国大陆30个省（市区），则应该使用固定效应模型。

表6-4是不同固定效应下SDM模型的极大似然估计（Maximum Likelihood Estimate，MLE）结果。

表6-4　　　　固定效应下SDM模型MLE估计结果

变量	时间固定效应	空间固定效应	时间空间双固定效应
C	833.51***	643.08***	639.72***
K	145.08***	121.91***	78.87***
G	42.76***	-19.76***	-14.26**
O	1.84*	2.06***	1.54***
M	-12.17***	1.76	1.52
W×C	1925.62***	351.09	1263.78***
W×K	-214.84***	245.58***	63.11

续表

变量	时间固定效应	空间固定效应	时间空间双固定效应
W×G	-29.04*	4.73	8.27
W×O	17.34***	-9.75***	-4.59**
W×M	-13.09**	1.37	-6.56
空间相关系数 rho	-0.23***	0.81***	0.29***
Log - likelihood	-1049.00	-833.09	-776.20
*sigma*²	33.38***	7.23***	6.33***

注：*、**、*** 分别代表 0.1、0.05、0.01 的显著性水平。

可以看出：①双固定效应和空间固定效应模型的空间相关系数 rho 值均显著为正，而时间固定效应模型显著为负；②空间计量模型下，数据拟合效果的优良由 Log - likelihood 值表示，值越大表明拟合效果越好，双固定效应下 SDM 模型的 Log - likehood 值最大，为 -776.20，离散度 $sigma^2$ 最小，为 6.33；③从各系数的估计值来看，双固定效应模型的大部分系数估计值都通过了显著性检验且系数值的解释更加合理。综合以上分析可得，双固定效应 SDM 模型是研究中国服务业发展空间溢出效应的最佳模型。

根据表 6 -4，双固定效应 SDM 模型结果显示：基础设施建设和科技水平对本省域服务业发展具有显著的促进作用；邻近省域的基础设施建设、科技水平、开放度和工业化水平对本省域服务业发展具有显著的促进作用，其中基础设施建设的促进作用最大，其次是科技水平，然后是工业化水平，最后是开放度。

（二）双固定效应下 SDM 模型的空间效应分解

上述结果并不能解释控制变量的空间溢出效应，需要对双固定效应下 SDM 模型进行空间效应分解，利用 stata 测得结果如表 6 -5 所示。

表 6 -5　　双固定效应下 SDM 模型空间效应分解表

变量	直接效应	间接效应	总效应
C	755.01***	1979.15**	2734.16***
K	82.94***	116.01	198.95*
G	-13.66***	3.36	-10.30
O	1.25***	-5.68*	-4.42
M	0.39	-8.32	-7.92

注：*、**、*** 分别表示在 10%、5% 和 1% 的水平下显著。

其中，间接效应代表控制变量的空间溢出效应，直接效应则表示控制变量对本省域服务业发展的影响作用，而总效应则为直接效应与间接效应之和。

由表6－5可知：①基础设施建设对服务业发展的直接效应和间接效应分别为755.01和1979.15，分别通过了1%和5%的显著性检验，说明基础设施建设不仅对本省服务业发展具有显著地促进作用，而且对邻近省份表现出较强的空间溢出效应，即本省基础设施水平的提高，对自身和邻近省份服务业发展均有积极的影响。基础设施建设是发展的硬环境，完备的基础设施建设为服务业发展提供了安全高效的硬件平台，可促进省域之间的交流。②科技水平对服务业发展的直接效应为82.94，通过了1%的显著性检验，表明科技水平对于本省服务业发展具有显著的空间溢出效应。而间接效应为116.01，未通过显著性检验，表明科技水平整体来看对于邻近省份服务业发展溢出效应不明显。科技是区域发展的软实力，通过科技可以优化服务业内部结构，实现服务业高质量发展，应进一步实现科技共享。③开放度的直接效应为1.25，间接效应为－5.68，分别通过了5%、10%的显著性检验，说明开放度的提升对于本省和外省均具有显著的空间溢出效应。开放度的提高，意味着有更多机会接触外界先进的技术和知识，对服务业发展具有积极的影响，但对于外省反而抑制其服务业发展。④工业化水平的直接效应在5%的置信水平下显著为负，间接效应、总效应均未通过显著性检验。⑤人口密度没有通过显著性检验，这可能是由于人口密度受社会、自然环境、经济和政策等多种因素影响，人口流动对模型估计结果的影响也难以把握。

第三节　结论与建议

基于第二章构建的服务业发展指标体系及第四章测算的空间差异性与关联度。本章选取基础设施建设、科技水平、工业化水平、开放度和人口密度五个控制变量对服务业发展空间溢出效应进行实证检验，结果表明时间空间双固定效应下SDM模型的估计结果，基础设施建设的直接效应、间接效应以及总效应均显著为正，表明基础设施建设具有较强的空间溢出效应，即加强基础设施建设对本省和邻近省份服务业发展均有促进作用。科技水平的直接效应和总效应显著为正，但间接效应不显著，表明提高科技水平对于本省服务业发展具有重要作用，未来应进一步打破技术壁垒，促进外省服务业进一步发展。开放度的直接效应显著为正，间接效应显著为负，总效应不显著，说明开放度也具有空间溢出效应，但各省市之间开放度差异太大。上述几个控制变量中，基础设施建设的空间溢出效应最强，其次是科技水平。

根据上述实证研究和分析，提出以下政策建议：

一是强化“溢出效应”意识，打破发展格局，促进“低—低”集聚向“高—低”集聚过渡。各省份应充分认识到服务业发展的空间溢出作用，利用邻近省份服务业发展的优势巩固自身服务业发展，在制定相关政策时综合考虑周边地区相关因素的影响，做到以一省带动多省发展。

二是促进区域要素投入，优化“乘数效应”。根据模型估计结果，基础设施建设和科技水平均具有显著的空间溢出效应，表明这些要素的提升是促进本省及邻近省份服务业发展的有利因素，因此各地区应加快基础设施建设，加强道路通达性，提升发展硬环境，推动区域间要素的流动。同时要提升人力资本存量，实施人才储备计划，提高科技水平，加强软实力。

三是积极引进外商直接投资，持续提高开放度水平。研究结果表明，开放度对服务业发展具有显著的空间溢出效应。要坚定不移地扩大对外开放，积极引进外商直接投资，通过外商直接投资，有效解决资本不足以及管理经验、技术水平落后等问题。

研究结论与展望

一、主要结论

本书在阐述国内外研究以及服务业发展指数相关理论基础上，设计服务业发展指数总体框架，对2016年全国31个省级行政区服务业发展指数、2016年全国15个副省级城市服务业发展指数、2016年全国百强城市服务业发展指数、“十二五”全国70个大中城市服务业发展指数分析以及2016年湖北省服务业发展指数进行了实证分析，向读者报告了我国服务业发展水平总体情况及动态变化趋势。然后，本书采用差异性度量指标对我国服务发展指数的区域差异及来源进行了定量分析，并建立空间计量模型对省域服务业发展指数空间分布特征与演变规律进行了深入刻画。本书的主要研究结论为：

第一，从服务业发展指数的变化趋势和地区差异看，我国服务业发展水平总体呈上升态势，服务业规模和对经济的贡献率不断提高。东部服务业发展指数上升幅度高于中、西部地区，西部上升幅度略高于中部地区。我国服务业发展指数得分区域差异比较明显，服务业发展水平不平衡，不论是全国省份之间的差异，还是东部、中部和西部三大区域之间的差异都比较明显。总体来看，东部地区服务业发展水平最高，中部次之，西部最小；东部与中、西部地区服务业发展的差距越来越大。东部沿海地区是服务业的聚集地，以现代服务业为主导是东部沿海发达城市共同的经济形态。

第二，从服务业发展指数的空间相关性看，正相关性显著，某一省份的服务业发展会受到相邻省份的影响，大部分东部省份存在着High－High聚集，大部分中、西部省份存在Low－Low聚集，只有少数省份存在High－Low聚集或Low－High聚集。北京、天津、上海、江苏、浙江、福建、山东位于High－High型高值集聚区；湖北、重庆、陕西、山西、内蒙古、贵州、云南、黑龙江、吉林、甘肃、四川、青海、宁夏、新疆位于Low－Low型低值集聚区；安徽、江西、广西、海南位于 Low – High 型集聚区；广东位于 High – Low 型集聚区。

第三，从服务业发展指数收敛趋势看，在 2006—2016 年样本期内全国、东部、中部和西部地区服务业发展均未呈现收敛特征，但存在阶段性收敛。指数在整体上呈现先减小后扩大的趋势，底部出现在 2010—2011 年；全国、东部、中部和西部地区存在绝对收敛，中部收敛速度最快，西部次之，东部最慢。在引入人力资本存量、人口密度、政府影响力和外贸依存度四个控制变量后，全国及三大区域也存在条件收敛，表明我国服务业发展水平较低的地区增长速度高于发展水平较高的地区，但各地区的服务业发展不会收敛到同一稳态水平。全国及三大区域对四个控制变量收敛性检验结果有所不同，表明不同地区服务业发展的驱动因素和收敛情况各不相同，在制定政策和发展规划时应有所区别。

第四，从服务业发展指数溢出效应看，基础设施建设对服务业发展的直接效应、间接效应以及总效应均显著为正，表明基础设施建设具有较强的空间溢出效应，即加强基础设施建设对本省和邻近省份服务业发展均有促进作用。科技水平的直接效应和总效应显著为正，但间接效应不显著，表明提高科技水平对于本省服务业发展具有重要作用，未来应进一步打破技术壁垒，促进外省服务业进一步发展。开放度的直接效应显著为正，间接效应显著为负，总效应不显著，说明开放度也具有空间溢出效应，但各省市之间开放度差异太大。上述控制变量中，基础设施建设的空间溢出效应最强，其次是科技水平。

二、研究展望

第一，对服务业发展指标体系可以进一步开展深入探讨。本书从发展基础、经济贡献、增长潜力 3 个维度，选取具有代表性的 16 个指标构建服务业发展指标体系，并采用层次分析法和熵权法确定权重，并从省域、城市两个方面进行实证检验。从指标选择上，考虑到指标体系的系统性，本书选择的指标在省域、城市两个层面都能获取数据，但由于两个层面数据来源不同，因此指标选择受到了一定局限。从测算方法上，采用层次分析法和熵权法相结合的方法确定权重，下一步为了进一步检验方法的适用性，可以选择其他综合评价方法对指标体系进行实证分析，并与本书实证结果进行比较。

第二，对服务业发展指数的应用领域尚待进一步拓宽。本书主要采用空间计量模型对服务业发展指数进行了实证分析，获得了一些有价值的研究成果。但是，对服务业发展指数还有进一步应用空间，比如对服务业发展指数区域差异水平和来源的分析还可以进一步探讨，对服务业发展指数的动态演变趋势及影响因素也可以进一步分析。

参考文献

[1] 傅梅冰．国际区域经济合作［M］．北京：人民出版社，1993.

[2] 秦放鸣．中国与中亚国家区域经济合作研究［M］．北京：科学出版社，2010.

[3] 罗顺风．中国服务业区域发展差异的收敛性分析［D］．浙江工商大学，2011.

[4] 孙泼泼．广东服务业发展的区域差异与影响因素研究［D］．华南理工大学，2011.

[5] 陈霞．中国服务业发展的空间差异性及其影响因素实证分析［D］．吉林大学，2013.

[6] 汪敏．服务业收敛及双边溢出效应研究［D］．南京财经大学，2013.

[7] 谢智安．大珠三角地区服务业发展收敛研究［D］．暨南大学，2015.

[8] 孙小娇．中国现代服务业发展水平的区域差异研究［D］．辽宁大学，2018.

[9] 钟韵．区域合作视角下服务业发展的收敛性研究——以大珠三角金融业为例［C］//广东经济学会．市场经济与全面深化改革——2014 岭南经济论坛论文集．广东经济学会，2014.

[10] 李江帆．第三产业的产业性质、评估依据和衡量指标［J］．南方经济，1994（10）.

[11] 刘光溪．亚洲区域经济合作新动态及中国的因应策略［J］．国际商务研究，2003（2）.

[12] 顾乃华．中国服务业发展状况区域差异及其影响因素的实证分析［J］．财贸经济，2004（9）.

[13] 程大中，黄雯．中国服务业的区位分布与地区专业化［J］．财贸经济，2005（7）.

[14] 单晓娅，张冬梅．现代服务业发展环境条件指标体系的建立及评价——

以贵阳市为例［J］．贵州财经学院学报，2005（1）．

［15］雍红月，李松林．评价服务业发展状况的几个指标［J］．内蒙古统计，2005（2）．

［16］李蕊，荆林波．服务密度的地区差异及其影响因素的分析——以中国地级及地级以上城市和省际数据为例［J］．财贸经济，2007（6）．

［17］赵惠芳，王冲，闫安，徐晟．中部省份现代服务业发展水平评价［J］．统计与决策，2007（21）．

［18］李宝仁，李鲁辉，李晓晨．中国区域间现代服务业综合实力比较研究——基于组合评价模型的分析［J］．北京工商大学学报（社会科学版），2008（5）．

［19］郑伟，李廉水．中国制造业强省评价研究——基于中国29个地区制造业的实证分析［J］．中国科技论坛，2008（10）．

［20］任英华，邱碧槐，朱凤梅．现代服务业发展评价指标体系及其应用［J］．统计与决策，2009（13）．

［21］李雪冬．江苏省现代服务业发展地区差异收敛性分析［J］．江苏商论，2009（9）．

［22］李双杰，林月．北京服务业发展与经济增长关系实证研究［J］．商业时代，2009（4）．

［23］郭栩东．珠三角中心城市服务业发展差异的比较分析［J］．特区经济，2009（5）．

［24］刘兴凯，张诚．中国服务业全要素生产率增长及其收敛分析［J］．数量经济技术经济研究，2010，27（3）．

［25］冉建宇，张建升．服务业发展的地区差异及成因研究［J］．生产力研究，2011（10）．

［26］管驰明，高雅娜．中国城市服务业集聚程度及其区域差异研究［J］．城市发展研究，2011，18（2）．

［27］邓泽霖，胡树华，张文静．中国现代服务业评价指标体系及实证分析［J］．技术经济，2012，31（10）．

［28］靖学青．中国服务业发展的区域差异性与需求协调性［J］．中国流通经济，2012，26（02）．

［29］刘丹鹭，魏守华．创新与服务业生产率——基于微观企业的实证研究［J］．研究与发展管理，2013，25（2）．

[30] 吴传清，李绍腾，陈扬亚．湖北省服务业发展水平的统计评价［J］．统计与决策，2013（23）．

[31] 张洓贤，赵帆，王秀果．陕西省现代服务业地区差异及收敛性研究［J］．商业经济研究，2013（5）．

[32] 袁丹，雷宏振，黄雯，何媛．中国生产性服务业全要素生产率的异质性及收敛性分析［J］．软科学，2015，29（6）．

[33] 张少杰，林红．“金砖五国”服务业国际竞争力评价与比较研究［J］．中国软科学，2016（1）．

[34] 洪国彬，游小玲．信息含量最大的中国现代服务业发展水平评价指标体系构建及分析［J］．华侨大学学报（哲学社会科学版），2017（1）．

[35] 滕泽伟，胡宗彪，蒋西艳．中国服务业碳生产率变动的差异及收敛性研究［J］．数量经济技术经济研究，2017，34（3）．

[36] 吴析．浙江生产性服务业区域差异研究［J］．中国高新区，2017（9）．

[37] 肖挺．中国服务业分行业两类全要素生产率变化及收敛性比较分析［J］．管理评论，2017，29（8）．

[38] 胡春林．现代服务业发展空间溢出效应的实证研究［J］．南阳理工学院学报，2018，10（3）．

[39] 李卓迪，黄兹龙，叶睿泽．生产性服务业集聚对制造业升级的空间溢出效应［J］．当代经济，2018（14）．

[40] 孙琳惠，张晓青．山东半岛城市群现代服务业发展水平及区域差异研究［J］．中国名城，2018（6）．

[41] 唐建荣，房俞晓，张鑫和，唐雨辰．产业集聚与区域经济增长的空间溢出效应研究——基于中国省级制造业空间杜宾模型［J］．统计与信息论坛，2018，33（10）．

[42] 王钰，张维今，孙涛．“一带一路”沿线区域服务业发展水平评价研究［J］．中国软科学，2018（5）．

[43] 王许亮，王恕立．服务业能源生产率变迁及收敛性分析——基于全球40个经济体细分行业数据的经验研究［J］．数量经济技术经济研究，2018，35（1）．

[44] 肖磊，鲍张蓬，田毕飞．中国服务业发展指数测度与空间收敛性分析［J］．数量经济技术经济研究，2018，35（11）．

[45] W W Rostow：The stage of Economic Growth［M］．Cambridge University

Press, 1960.

[46] Daniel Bell: The Coming of Post – industrial Society [M]. Heinemann Educational Books Ltd, 1974.

[47] Burridge, P. On the Cliff – Ord test for spatial autocorrelation [J]. Journal of the Royal Statistical Society B. 1980 (42).

[48] Peter W. Daniels. Service Industries: Growth and Location [M]. New York: Cambridge University Press, 1982.

[49] Herbert G. Grubel, Michael A. Walker. Service Industry Growth: Cause and Effects [M]. Vancouver: Fraser Institute, 1989.

[50] Kolko, J. , Urbanization, Agglomeration, and Coagglomeration of Service Industriesc [M], Agglomeration Economics. Chicago: The University of Chicago Press, 2010.

[51] Bera A, Yoon M. Simple diagnostic tests for spatial dependence [R]. Working paper, Champaign, 1992.

[52] Peter W. Daniels. Service Industries in the World Economy [J]. University of Chicago Press, 1993.

[53] Gouyettec, Perelmans. Productivity convergence in OECD service industries [J]. Structure Change and Economic Dynamics. 1997, 8 (3).

[54] Sergio J . , Rey BorisDev. Sigma Convergence in the Presence of Spatial Effects [J]. Papers in Regional Science. 2006, 85 (2).

[55] Dall'Erbas, Marcop, Gianfranco Piras. Service Industry and Cumulative Growth in the Regions of Europe [J]. Entrepreneurship & Regional Development. 2009, 21 (4).

[56] Sandy Dall'erba, Percoco M , Piras G . Service industry and cumulative growth in the regions of Europe [J]. Entrepreneurship & Regional Development, 2009, 21 (4).

[57] Jacobs. , KosterHans. , OortFrank. Co – agglomeration of Knowledge – Intensive Business Services and Multinational Enterprises [J]. Evolutionary Economic Geography . 2012, 25 (3).

[58] Sampson, Gabriel S . Economic spillovers in spatial harvest behavior [J]. Ecological Economics, 2018 (145).